松丸くんが教育界の10人と考える

答えがない時代の新しい子育て

松丸亮吾

小学館

はじめに

こんにちは。謎解きクリエイターの松丸亮吾です。

この本は、子どもに関わる現場や、研究の最先端で活躍なさっている10人の専門家の先生方と僕の対談をまとめたものです。僕にとってどのお話も、目からウロコの強く納得できるもので、これから子育てをする人にも、子育て中の人にもぜひ読んでほしい内容になっています。

僕の仕事は、「謎解き」を作って皆さんに楽しんでもらうことですが、実は最近、どんどん子どもの教育への関心が高まっています。

僕は日頃から、「頭を使って考えることが楽しくなれば、無敵になれる」と考えています。テレビやイベント、本やＷＥＢを通して、謎解きを発信しているのもそのためです。謎解きは、クイズと違って特別な知識が必要ないから、子どもから大人まで、考えることの楽しさや、答えがひらめく快感を体験してもらえる。そうやって、考えることが楽しいと感じられれば、自然と勉強にだって取り組めるようになるはずだと思っています。

そんななか、イベントなどでお会いする親御さんから、

「うちの子は勉強が苦手で…」

「どうすれば勉強するようになるのか」

といった相談をいただくことがあります。

僕は、勉強をやらせることばかりを考えるのではなくて、楽しく頭を使う体験こそが大切だと思っているので、そのようにお答えするのですが、なかなか伝わらないと感じています。

そこで、この本です。

10人の専門家の先生方が、具体的な実践や世界中の研究データを基にしたエビデンス付きで、子どもを伸ばす方法を語ってくださっています。

この1冊で、現代の教育や子育てを取り巻くさまざまな知見を得られます。子育てには悩みも多いと思いますが、この本を読むことで、読者の皆さんの心に明るい光が差すことを願っています。

松丸亮吾

はじめに ―― 8

第1章　高濱正伸さん（花まる学習会 代表） ―― 11

遊びのなかに、想像力、集中力、子どもを伸ばすすべてがある。没頭する体験を！

子ども時代、家ではコンプレックスの塊／いじめからの乗り越え経験が転機に／東大に入ったからといって、オマエが何か変わったわけじゃない／子どもがやりたいことを伸ばしてやるのが親の仕事／小6の時の教師との出会いが人生を変えた／考えることが楽しくなれば無敵になれる／遊びのなかに想像力、集中力、すべてがある／テストの×は悪いことじゃない／子どもが自由に自分で考えて遊ぶことが大切／ゲームを通して「考える力」を育てる

第1章のポイント3か条 ―― 33

松丸くんのふりかえり ―― 34

第2章　宝槻泰伸さん（探究学舎 代表） ―― 35

好奇心に火がつけば、子どもは勝手に伸びていく！　おもしろければ子どもは学びます。

「本を1ページ読んだら1円」で読書習慣がついた／漫画でもアニメでもゲームでも、子どもが好きなことをやらせる／「楽しくない」をどうやったら「楽しい」に変えられるか／「世の中はハッキング可能」。正面ルートだけじゃない道がある／結果主義ではなく、ワクワクする学びのプロセスを／学歴だけでは中身がない。何か夢を持たないと腐ってしまう／苦行でしかな

かった勉強を、どんどんエンタメにしたい／親のマインドが変われば、子どもも変わる／好奇心に火がつけば、子どもは勝手に伸びていく／親は「リアクション芸人」になるべし
第2章のポイント3か条 —— 57
松丸くんのふりかえり —— 58

第3章　藤本徹さん（東京大学大学院情報学環　准教授） —— 59

ゲームを教育に。学校の成績で測れない子どもの力が、ゲームを通して見えてきます。

ゲームをしたほうが勉強の役に立つ？／太っても、ゲームのおかげでみるみる痩せた／学校の勉強では測れない「非認知能力」がゲームで鍛えられる／教育×ゲームの取り組みは50年前から／ゲームをやることで数学的思考が鍛えられる／ボードゲームで人間性も見えてくる／ゲームが強い人に共通する「考える力」／子どものゲームを一律に規制することは正しいか？／「勉強は苦行じゃなきゃいけない」という考えから目を覚ませ／ゲームの学びを家庭に取り入れる
第3章のポイント3か条 —— 81
松丸くんのふりかえり —— 82

第4章　石戸奈々子さん（CANVAS代表） —— 83

デジタルは鉛筆と同じ。便利なツールを使って、好きなことをやってみましょう。

「子どもとデジタルなんてとんでもない！」という拒否反応／教育にテクノロジーを活用する

3つのメリット／公式を暗記する教育では自分で考える力は育たない／今まだない世界を作る場所との出合い／学びたい気持ちがあれば学ぶ手段はたくさんある／デジタル化で学校と教師の役割も変わる／基礎教養としての、読み書きプログラミング／日常生活に役立つ、プログラミング的思考／学ぶことが楽しいと思える姿勢がいちばん大事／好きなこと、得意なことから、学びが広がる
第4章のポイント3か条 —— 105
松丸くんのふりかえり —— 106

第5章　齋藤孝さん（明治大学文学部教授） —— 107
この世界はおもしろさで満ちている。そう感じる心が生きる力に繋がります。
謎解きの良さは「考えることがおもしろい」と伝わるところ／齋藤孝・松丸亮吾の「自己肯定感」はどう育ったか？／自分が得意なことで自己肯定感を高める／いちばん大切なものは「工夫する力」／読書によって、世界を広げ、探索することができる／読書は、誰かの話を聞くことと同じ／知らない言葉に出合った時に、すぐ調べることが大切／子どもに教養を身につけさせる簡単な方法／世界がおもしろいから、自分が生きる価値がある／謎解き×古典の可能性
第5章のポイント3か条 —— 129
松丸くんのふりかえり —— 130

第6章　中島さち子さん（数学研究者、ジャズピアニスト、STEAM教育家） —— 131

大切なのは、ゆらぎのある遊び。楽しみながら「遊ぶ」「作る」「試行錯誤する」教育を。

子どもがやりたいことに付き合ってくれた親に感謝／テストや受験のために勉強するのはもったいない！／子どもが評価される場面が、勉強以外にもたくさんあればいい／自分で「作る」ことが好きだった子ども時代／好きなものが同じ「仲間」がいることの嬉しさ／関係ないと思っていたことが、後から生きてくる／「型」にはまることが、新しい世界を開くこともある／数学の力は生きることにも役に立つ／必要なのは、「ゆらぎのある遊び」／夢中になることを深掘りすれば、どこかできっと算数・数学に繋がる

第６章のポイント３か条 ― 153

松丸くんのふりかえり ― 154

第７章　工藤勇一さん（横浜創英中学・高等学校校長） ― 155

自己肯定感は自己決定の経験から育まれる。失敗しても大丈夫と思える環境が大切。

今の学校は、「何のために」を忘れている／伝えたいことを相手に理解してもらうための教育を／手段が目的化していることに気づいて、原点に立ち返る／体育祭の、そもそもの目標を考える／「全員がＯＫ」を実現するのは「対話」／考え方の違いと感情の対立は切り分ける／親は「こうあるべき」にしばられず、リラックスを／自分で自分を褒めることが自己肯定感を高める／子どもの自己決定を促す、魔法のような「３つの言葉」／「失敗しても大丈夫」と思える環境が大切

第7章のポイント3か条 —— 177
松丸くんのふりかえり —— 178

第8章　中室牧子さん（慶應義塾大学 総合政策学部教授／東京財団政策研究所研究主幹）—— 179

親が「子どもの能力は伸びる」と理解するだけで学力が向上。そんなデータもあります。

データから見る、コロナ禍の臨時休校の影響／良いことを習慣化するためのポイントは「ごほうび」／ごほうびには、ボーナスよりもピザが効果的!?／何に対してごほうびを用意するのかを間違えない／子どもの成長を左右する、親の考え方／読書の効果は長続きする／1時間のゲームを禁止しても、学習時間は2分しか増えない／非認知能力を育む場としての学校／目標は自分で立てて、締切はほかの誰かに設定してもらう／目標達成のための方法「コミットメントデバイス」

第8章のポイント3か条 —— 201
松丸くんのふりかえり —— 202

第9章　小宮山利恵子さん（スタディサプリ教育AI研究所所長／東京学芸大学大学院准教授）—— 203

人間は凸凹があっていい。突き抜けた「好き」「得意」を持つ魅力的な人になろう。

謎解きには、これからの時代に必要な力が詰まっている／好きなこと、得意なことがはっきりしている「凸凹な人」になろう／「地図」がない時代だからこそ、「好き」と「興味」が大切／人生を変えた、小5の時の担任の先生の言葉／子どもに勉強してほしいなら、まず親が勉強しよう／好きを追求する学びは、誰に言われなくても自分からやる／何が繋がるかはわからないから、子どもには「種を蒔く」／デジタル教育で、数学の時間が半分に！／テストが高得点でも「好き」がないと大学に落ちる時代に／その人がどれだけおもしろいか、魅力的かが問われる未来
第9章のポイント3か条 —— 225
松丸くんのふりかえり —— 226

第10章　篠原菊紀さん（公立諏訪東京理科大学工学部情報応用工学科教授） —— 227
やる気を出す脳科学的なコツがあります。まずは他人も自分も褒めましょう。

気持ちがいいという「快楽」がやる気を生む／四の五の言わずにとにかく始めれば、やる気がついてくる／アニメキャラを自分に投影して「やる気」になる／褒めることが大切、でも褒めることにこだわりすぎない／褒めるのが難しければ、できた理由を子どもに「質問」すればいい／苦手も不安も、細かく分けることで楽になる／一度叱ったら、3回は褒めるように／ゲームの健全な遊び方、4つの指標／謎解きは脳の認知機能を向上させる／人との繋がりをたくさん持つことが、ひらめきを生む
第10章のポイント3か条 —— 249
松丸くんのふりかえり —— 250

おわりに —— 252

本書は、小学館の子育てサイト「ＨｕｇＫｕｍ（はぐくむ）」の２０１９年～２０２３年掲載記事をもとに、書籍用に編集を加えて構成しました。特に指定のない記載情報は２０２３年２月現在のものです。

第1章
高濱正伸さん

遊びのなかに、
想像力、集中力、
子どもを伸ばすすべてがある。
没頭する体験を！

高濱正伸たかはま・まさのぶ

花まる学習会 代表

高濱先生の教育理念は、「メシが食える大人を育てる」です。

その考えのもと、「作文」「読書」「思考力」「野外体験」を主軸にすえた学習塾「花まる学習会」を1993年に設立しました。なぞなぞのように楽しみながらできる算数パズル「なぞペー」をはじめとする独自の教材を用い、子どもたちが遊ぶように学習しています。当初20人から始まった会員数は、現在では2万人超。野外体験企画であるサマースクールや雪国スクールなども大人気で、年間約1万人を引率。高濱先生自身も参加し、子どもたちと一緒になって走り回っています。

また、保護者を対象にした講演会も年に100回以上行い、これまでに延べ30万人以上が参加。楽しい語り口と保護者に寄り添う内容で絶大な人気を得ています。

1959年熊本県生まれ。県立熊本高校卒業後、東京大学へ入学。東京大学農学部卒、同大学院農学系研究科修士課程修了。著書に、ロングセラー『小3までに育てたい算数脳』(エッセンシャル出版社)ほか、『伸び続ける子が育つお母さんの習慣』(青春出版社)、『算数脳パズルなぞペー』シリーズ(草思社)、監修に『メシが食える大人になる!よのなかルールブック』(日本図書センター)など多数。関連書籍は200冊、総発行部数は300万部以上。

子ども時代、家ではコンプレックスの塊

高濱　私は熊本の田舎の出身なんで、基本的に自然のなかで過ごしていました。ガキ大将だったから、今日はこの塀に登ろうぜ、みたいな感じで、いつも友だちを引き連れて遊んでいましたね。夏休みは朝からクワガタ、カブトムシを捕りに行って、午後は川で遊んで、宿題は8月30、31日に泣きながらやって（笑）。本当に好き放題やっていたし、いい田舎だったな。でも、2歳上の姉がすごく優秀だったから、家ではコンプレックスの塊でしたよ。口げんかしても、毎回言い負かされて。

松丸　うちはＤａｉＧｏ（メンタリストのＤａｉＧｏ氏）が長男で、次男、三男がいて僕が四男なんですが、家でいちばん上の兄がマウントを取ってくる感じは、同じでしたね。ＤａｉＧｏとは9歳離れているので、口げんかにもならないんです。僕が理解できない言葉を使ってきて、「お前の言っていることは、ここところとここが違う。俺が言っていることはここが正しい」みたいな。

高濱　それは大変そうだね（笑）。うちの場合、姉が読書の王者みたいな感じだったから、「は？

こんなことも知らないの？」ってバカにされていたなあ。でも、振り返ってみると、**言葉の早期教育をされていた感じ**だね。小学校に上がる頃には、音読でつっかえることもなかったし。

松丸　僕も、兄弟げんかがそのまま国語の勉強でしたね。ＤａｉＧｏが使う言葉がわからないのが悔しくて、辞書でＤａｉＧｏがよく口にする言葉を調べたりしていました。

高濱　男同士の口げんかは理詰めだからね。

いじめからの乗り越え経験が転機に

松丸　でも、ＤａｉＧｏも小学４、５年生ぐらいの頃は、天然パーマが理由でいじめられていたそうです。それがある時、いじめに抵抗するために手を上げたら、いじめていた子どもたちが急に引いていったらしいんですよ。同じ頃、ずっと嫌々続けていたピアノも、「やりたくない」という意思を両親に表明して、辞めることができた。この時期に意思を持って反抗するという意味を知って、我が道を行くスタンスになったそうです。

高濱　そうか、DaiGoさんも一回、乗り越え経験をして、今があるんだね。実は、私も5年生の時に「頭がでかい」っていじめられてたんだよ。クラスメイトによってたかって「でこっぱち！　でこっぱち！」ってはやし立てられてさ。好きな女の子にまで……。1か月ぐらい、毎日やられっぱなしで、その頃は「この頭だったら、もう死ぬしかない」と思ったぐらい。

松丸　子どもの頃って、些《さ》細《さい》なことでもそうやって思いつめちゃうんですよね……。

高濱　そうそう。でも、打ちのめされて家に帰ると、母親が「あんたが元気ならよかとよ」ってギューッと抱きしめてくれて。母親は学校のことには干渉しなかったけれど、そうしてもらうだけでスーッと気持ちが晴れていくんだよね。

そうやって毎日、傷ついて帰っては抱きしめて

もらうことを繰り返していたら、だんだんと強い自分が出てきた。生徒会の副会長に立候補させられたんだけど、その時に自分の頭を笑いのネタにしたんだ。

松丸　ええ!?

高濱　「わたくしが頭のでっかい高濱でございまーす！　皆さんの2倍、3倍の脳みそが入っておりまーす！」って。その時にたまたま頭がマイクに当たったら、どっかーんと笑いが起きてね。その日から、いじめはなくなりました。

中学1年生の時にもいじめに遭ったけれど、その時はもう強い自分がいるから毅然《きぜん》とした態度を取っていたら、1週間もしないで終わり。**いじめられ経験は、乗り越えたらすごく強い武器になる**んだよ。

松丸　僕も天然パーマで、小学生の時に同じクラスの人から「モンチッチ」と言われて笑われた時期があったんです。でも、兄たちにもさんざん言われていたし、もう慣れているんですよ。だからそういう時はケロッとしているぐらいのほうがいいとわかっていたので、学校でも同じようにしていたんです。そうしたら、すぐに言われなくなりました。

高濱　そうそう、それができたらいじめにならないんだよね。それにしても、男4人でいちばん下って、いろいろつらかったでしょう？

松丸　毎日が訓練みたいでしたね。しかも、僕が中学2年生の時にＤａｉＧｏがメンタリストとしてブレイクしてからは、学校でもＤａｉＧｏの弟として見られる時期がずっと続いてしまって。学校のなかを歩いているだけで、しょっちゅう、「フォークを曲げてくれ」「今、俺が思い浮かべてる数字を当ててみて」とか言われて、家にも学校にも心のよりどころがなかったんです。

高濱　きょうだいを引き合いに出していじられるって、本当に嫌なんだよね！

松丸　最悪です（笑）。それで中学、高校時代はずっとＤａｉＧｏにコンプレックスを抱いていたんですが、大学受験のタイミングで気づいたんです。ＤａｉＧｏは東大を受験して落ちて、慶応に行った。それなら僕は東大に行くしかないと思って、高校2年生の冬の段階で、学年300人中280位だったんですけど、そこから本気で勉強して、現役で東大に合格したんです。

高濱 それはすごい乗り越え経験だよね。

東大に入ったからといって、オマエが何か変わったわけじゃない

松丸 東大に受かったタイミングで、DaiGoから「合格おめでとう」ってLINEがきたんですよ。でも、「ただ、オマエが勝ったのは学歴だけだからな。東大に入ったからといって、オマエが何か変わったわけじゃない。もっとオマエができることを見つけないと、俺には到底たどりつけない」って書いてあって。

高濱 おお！　バチバチやり続けてる（笑）。

松丸 だから、僕にできることはなんだろうって考え続けた時に、小さい頃からやり続けて得意だった謎解きにたどりついたんです。子どもの頃、『IQサプリ』という番組を家族みんなで観ていたんですけど、家族で最初にひらめくのが僕で、DaiGoに唯一勝て

たのが謎解きだったんですよ。

高濱　そうなんだ。ＤａｉＧｏさんはわかっている人だね。入試は処理能力だから、パターンを教えて、反復できる人なら合格しちゃうんだよ。でも、大学以降は見えない課題、本質を見る力が決定的に問われるからね。

それに、これからの時代の教育は、**それぞれの強みを早々に発掘して、そこをとがらせる**というのが絶対的な流れなんですよ。だから、自分で得意分野を見極めて、それを磨いて今の道を見つけたのは素晴らしいと思う。

子どもがやりたいことを伸ばしてやるのが親の仕事

高濱　私は松丸さん、ＤａｉＧｏさん、それにユニークな次男（大学中退後、エンジニア）、三男（調香師）の４人を育てたご両親に興味があるな。

松丸　学歴的には、両親とも際だって優秀というわけじゃありません。でも、母親がかなり特殊なタイプなんですよね。子どもを東大とか良い大学に行かせたいという気持ちはあったらしいんですけど、それを子どもには一切見せなかったんです。プレッシャーをかけるよりも、子どもがやりたいことを伸ばしてあげたほうが近道なんだと。

高濱 それはお母さんご本人が気づいたの? **やりたいことを伸ばすほうが近道**というのはけっこう奥深い話で、最初の子育ての時には気づかない母親が圧倒的に多いんですよ。

松丸 実は母は僕が高校2年生の時に亡くなっていて、そのメソッドを聞くことはもうできないんです。でも、僕が今の活動を始めた時に、父と話をしました。その時に聞いたのは、母は「子どもに勉強をやりなさいと言っても、絶対にやらない。何かひとつ、子どもがそこに向かっていきたいと思うような目標をうまく見つけるのを手助けすることが、最初にやるべきことだ」と口を酸っぱくして言っていたということです。

高濱 そうなんだね。お母さんはなぜその考え方にたどりついたのだろう。ひとつ例を挙げると、ボクシングの村田君(世界ボクシング協会WBAミドル級王者、村田諒太)は、東洋大でコーチをしている時に、学生には2種類、逆境に立った時に頑張るタイプと、何かの理由をつけては練習をさぼろうとするタイプがいることがわかったそうです。何がその道を分けるのか。

松丸　何なんですか？

高濱　それは、本人が決めてボクシングをやっているか、誰かにやらされているかなんですよ。**自己決定かどうか。**私も30年、子どもを見てきてつくづく実感していることだったから、そうだよねって納得したんだけど、普通のお母さんはそこに気づけないで、子どもに押し付けちゃったりするんだよね。**本人がいちばんやりたいことを見つけてあげる**というのはまさに核心だよ！

松丸　母も長男のＤａｉＧｏの時は、無理強いするような教育をしていたみたいなんですよ。音楽的なセンスが磨かれる、感性が豊かになると信じてピアノを習わせていたんですが、ＤａｉＧｏはピアノが苦痛で、親の目を盗んでさぼるようになった時期があったそうです。

母はその時に我に返って、音楽的なセンスを磨くならギターとかいろいろな選択肢があるのに、なんでピアノに絞っちゃったんだろう、なんでＤａｉＧｏ本人に聞かなかったんだろうって反省したらしいんです。その気づきがあって、４番目の僕の時はかなり自由でした。

高濱　お母さんたちは良かれと思ってやるんだけど、そうやって熱心にやればやるほど、子どもは「やらされ人間」になっていくんだよな。**親としてはいろいろやらせてあげるのが最初の仕事。**そこから子どもに合うものを見立ててあげることです。

小６の時の教師との出会いが人生を変えた

松丸　高濱さんはどういう教育を受けてきたんですか？

高濱　うちは放任ですよ。両親が思春期の時に戦争に負けて、今までのはなんだったのよって感じた組だから、人生どうなるかわからないし、好きにしなって。父親は開業医だったんですけど、一度も継げと言われなかった。

それに地元も田舎で、塾もないし、中学受験を思いつく人もいないみたいなところだったから、ぜんぜん勉強熱心じゃなかったんですよ。でも、6年生の時にすごく良い先生に当たったんです。

松丸　どんな先生だったんですか？

高濱　ある日、「君は熊本高校ぐらい行けるタイプだぞ。俺にはわかるんだ、俺も熊本高校だから」と言われたんですよ。熊本高校って私が住んでいた市からひとりも行かないぐらいの難関校なんですよ。それで、「特別な勉強をしてきなさい。自習したものを持ってきたら見てあげる」と。その時に、「**俺、認められちゃった**」って嬉しくなってね。

松丸　いい感じに乗せられたんですね。

高濱　その日から自習するようになって、学校のドリルなんてすぐに終わっちゃったから、本屋で問題集を買ってね。今思えば中学受験の問題集だったんだけど、先生を裏切っちゃいけないと思って、どんなに難しい問題も答えを見ないで自分で解くようにしましたよ。その時に、自分のペースで考え続けて、よしわかった！ということを繰り返したんです。そうしたらね、普通の公立中学に入ったんだけれど、熊本県の実力テストで学年1位、2位の成績だったんだよ。お袋がひっくり返っていましたよ。「あんたがねー？」って（笑）。

松丸 それはすごいですね！

高濱 それで自信がついたんだ。だから、熊本高校の時なんて500人中499番で、最後のひとりは不登校だったけれど、「俺は、やればできる」と思い続けていましたよ。ちなみに私は3浪、4留して29歳で大学を卒業したけれど、ずっとその自信は持ち続けていました。

考えることが楽しくなれば無敵になれる

松丸 僕の小さい時も近いものがあって。『IQサプリ』とか謎解きを通して兄に勝つ経験をしていた時に、自信になったし、考えること自体がすごく楽しいなって思えたんです。

高濱 わかる！ **自分ひとりで最後まで考えて、答えがわかった時の「ほらきたー！」っていうひらめきの瞬間の喜びと快感を知っちゃえば、絶対に考え好きになる**んだよ。それを子どもたちに伝えたくて、30年前に「なぞペー」を作ったんです。だから、松丸さんの謎解きを見た時に、私の想いを引き継いでくれる新世代が現れたな、がんばれ！　と思いました。

松丸　ありがとうございます！　僕も、子どもたちが頭を使って考えることの楽しささえわかっていれば、そこから先は無敵だと思っているんです。大人になってからでも、人生のなかで難題に直面した時に、考えるのが面倒くさいとか、人から言われたことをただこなせばいいやってなってしまうのは残念なことじゃないですか。

高濱　そうなんだよ。受験で落ちたらどうしよう、就活で失敗したらどうしようって、人に与えられた評価軸に合わせて生きていると、幸せ感のない人生になっちゃうんですよね。そこで、**意思を持って自分でやる**というペースに引き込むために、**自分で考える**ということはすごく大事なんです。

松丸　「考える力」は、大学以降に差が出ると思っているんです。勉強って答えを見て、解き方を理解して、それを反復していけば、ある程度、成績が伸びるように作られている。そこで、パターン的に学習して、点数が上がることを楽しんでいる人は、形式的にどんどん優秀になっていきます。でも、大学に入ってからは点数とは別の評価軸が与えられるじゃないですか。そこで、自分で考えて試行錯誤してきた人と明確に差が出てしまう。

高濱 落合陽一君（メディアアーティスト・筑波大学准教授）は、それを「博士の力」と言っていたよ。それを持っているかどうかで、すごく差がつくみたいだね。

私は考え続けて答えを導き出した時の快感を子どもたちに知ってもらうことが重要だと思っていて、それがずっと追い続けてきたテーマです。

遊びのなかに想像力、集中力、すべてがある

高濱 子どもの教育で言えば、遊びのなかで心を奪われて、没頭する体験がすごく大事というのはいつの時代も変わりません。今年の夏、花まる学習会のサマースクールでおもしろいことが起きたんですよ。カニが歩いているのを見つけた男の子ふたりが、カニカニカニ！って追いかけていたら、ホテルの壁と空調の室外機の間に頭を突っ込んで、挟まって出られなくなったんです（笑）。その状態でも、ふたりは「ここにカニがいる」って騒いでいる。

この子たちは、その瞬間にグンッと伸びていますよ。**子どもは、ゾーンに入って、心**

を奪われた時にいちばん伸びるんです。その体験総量がすべての土台になる。**遊びのなかには想像力、集中力、すべてがある**と思っています。

松丸　そうですね。遊びという意味では都会の公園でも同じで、遊具でずっと遊び続ける子どもってそんなにいなくて、その周りにあるフリースペースで、自分でゲームを考えて遊ぶ子が多いじゃないですか。外遊びってルールがないから、そういうところでクリエイティブな発想とか集中力とかが磨かれるのかなと思います。

高濱　子どもって、野球をやろうと思った時に、今日は3人だからやめようぜとは言わないんです。壁をキャッチャーにして、「こう飛んだらホームランね」って自分たちでルールを決めるんですよ。そうやって自由に自分で決めていくことの繰り返しが、地頭を鍛えるんです。

でも今の大人を見ると、自分が何を好きか言えない人、決断できない人が溢れていますよね。これは、決まった枠組みのなかで、与えられた選択肢のなかから正解を選ぶという、正解主義から抜け出せていないんだと思う。

テストの×は悪いことじゃない

松丸 正解主義に関して言うと、母から受けた教育でいちばんありがたかったのは、テストの×は悪いことじゃないよと言われ続けたことです。

高濱 え！ その一言、なかなか言えないよ。

松丸 テストが戻ってきた時に、×があるということは収穫があったねって言われました。×があるところが今の自分に足りないところだから、そこを徹底的にやったほうがいいよねって指摘してくれたんです。

高濱 テストの間違いは成長の機会。それはきれいごとじゃなく、本当にそうだからね。

松丸 例えば、1学期の試験で80点取ったのに、2学期に70点になりましたという時に、10点下がったととらえがちですが、それは大間違いだと思います。単元がぜんぜん違うし、子どもの得意、不得意があるんだから、点数の上下じゃなくて、できなかったところをいかにケアして、ここが今、君のやるべきことだよって教えるべきなんですよ。

高濱 それがなかなかできないんだよね。親は順位とか点数とか、わかりやすい数字に弱いんだ。数字にとらわれないことと、**×は成長の機会**ととらえることが大事。そう思えればぐっと楽になります。

松丸　母に「勉強ってなんなの？　やってなんになるの」って聞いたことがあるんです。その時に、「できることとできないことだったら、できることが多いほうが絶対にいい。知らないことと知っていることなら、知っていることがたくさんあるほうがいい。**できなかったこと、知らなかったことを自覚して、×を○に変えていくのを楽しむのが勉強の本質**なんだよ」と言われたんですよ。

高濱　もうすごすぎて、読者にとっては全部参考になると思う。それをお母さんがどこでつかみ取ったのか知りたいな。私の本を読んでたんじゃない？（笑）

松丸　実家の本棚を確認します（笑）。

子どもが自由に自分で考えて遊ぶことが大切

高濱　話を戻すと、今の時代を生きる子どもたちに、正解主義にとらわれない大人になってもらうためには、**本当にその子に向いていて、熱中できるものを見つけてあげる**ことから始まると思います。集中して没頭した時間の集積が実力になるのは間違いないので。

子どもの教育といえば受験がつきものだけれど、特に小学校低学年とか幼児期とかに○×に注目しすぎちゃうのは良くないと思いますよ。**幼児期に伸ばさなきゃいけないのは、非認知能力**だから。親としては熱中できるものをどう提供するかが大切です。

松丸　テストや学校の成績で測ることができるような認知能力と大人になった時の年収って相関がないことがわかっているんですよね。逆に、子どもの時に遊びのなかで身につくような非認知能力が将来の年収にそのまま直結しているというデータが出てきているので、幼児期にその体験を子どもにさせてあげることに力を入れてほしいと思います。

高濱　こういう話をすると、ちゃんと外遊びしなさいってルールにしだす親がいるんですよ（笑）。外も家のなかも関係なくて、子どもが自由に自分で考えて遊ぶことが大切なんです。

ゲームを通して「考える力」を育てる

松丸　僕は小学４、５年生の頃にゲームにどはまりしたことがあるんです。その時に、母は「1日3時間勉強しなさい。その後は、いくらでもゲームをしてもいい。勉強しないなら1秒たりともゲームはやらせない」というルールを作りました。僕はゲームがやりたいから勉強したんですけど、1日3時間やっていると、少しずつ知識を獲得していきますよね。自分のわかる範囲がちょっとずつ広がっていく。その積み重ねでちょっとずつ成績が上がっていく。そうすると勉強が楽しくなっていくという経験がありました。

高濱　私は昔、「あの小さな世界に子どもを閉じ込めちゃいけない」ってゲーム反対だったんだよ。でも、ゲームをしていたら体を動かさないだろうと言っていたら、Ｗｉｉ《ウィー》が出た。ゲームばっかりやってると外に行かないじゃんと言っていたら「ポケモンＧＯ」が出た。仲間と一緒にやるゲームもたくさんあるし、ずいぶん進化したよね。

松丸　最近のゲームに関しては、良いゲームと悪いゲームがあると思います。考えなければ負ける可能性があるゲームは子どもの思考力を鍛えると思いますし、そういうゲームを

お勧めしたい。逆に、課金してサクッと気持ち良くっていうお手軽なゲームは、子どもにはお勧めできませんね。

高濱　ゲームにしても「**考える力**」は欠かせないんだよね。あと、子どもには「**負けずぎらい気質**」や「**集中力**」、「**やり通す力**」が重要です。それを鍛えるために「なぞぺー」を作ったんだよ。

松丸　僕も、それらを獲得するためには「なぞぺー」や謎解きが有効だと思います。

高濱　**ひらめきの快感体験が次のモチベーションになる**んですよ。答えを知りたいんじゃなくて、気持ち良さを味わいたいという感覚。これが子どもにとってはいちばん大事なんです。

第1章の

ポイント3か条

・遊びのなかには、想像力、集中力、すべてがある。集中してゾーンに入った時、子どもはいちばん伸びる。

・子どもに「いろいろやらせてあげる」のが親の役目。子どもがやりたいことを伸ばすのが近道。

・自分ひとりで考えて答えがわかった瞬間の「きたー!」という快感を知れば、絶対に考えることが好きになる。

松丸くんの

ふりかえり

高濱正伸さん

高濱先生は、すごく情熱的な人ですよね。現場でいつも子どもと接している人でもあるので、実際の現場で何が起こっていて、子どもたちがこういう悩みを抱えているということにとても詳しい。そのうえで、「子どもの遊びの大切さ」を説かれているから説得力がすごい。「遊びのなかには想像力、集中力、すべてがある」という言葉が印象的でした。

　嬉しかったのは、そういう人が、謎解きは「考える力」を高めると言ってくださったこと。高濱先生ご自身が、答えがわかったひらめきの瞬間の喜びと快感を子どもたちに伝えたいという理由で、30年前から「なぞぺー」を作っているんですよね。長年教育の現場にいる高濱先生に共感してもらえて、僕にとってもすごく自信になりました。僕も、謎解きを教育に活かすことができないかと、それまで以上に考えるようになりましたね。

第2章
宝槻泰伸さん

好奇心に火がつけば、
子どもは勝手に伸びていく!
おもしろければ
子どもは学びます。

宝槻泰伸 ほうつき・やすのぶ

探究学舎 代表

宝槻先生が代表を務める「探究学舎」のモットーは「子どもの好奇心に火をつける」。2012年に東京都三鷹市に開校した、「勉強を教えない」学習塾です。

取り上げるテーマは、宇宙・元素・生命・歴史・経済・音楽などの「自然の神秘」と「人類の英知」。クイズやスライドを使ったライブ感あふれる授業に、教室中が熱狂に包まれます。北は北海道から南は沖縄まで、時には海外からも受講希望者が集まり、現在はオンライン授業も展開しています。

ご自身は、ユニークな父親の教育方針もあり、高校中退後に大検を取得し、京都大学に進学。その後、ふたりの弟も同じ勉強法で高校中退から京大に入学し、「京大3兄弟」というオヤジギャグを実現しました。家庭では5人のお子さんの父でもあります。

1981年東京都生まれ。京都大学経済学部を卒業後、私立高校や職業訓練校での指導経験を経て、「探究学舎」を開校。著書に『探究学舎のスゴイ授業』(方丈社)、『勉強嫌いほどハマる勉強法 子どもが勝手に学びだす!! 宝槻家のストーリー活用術』(PHP研究所)、『強烈なオヤジが高校も塾も通わせずに3人の息子を京都大学に放り込んだ話』(徳間書店) などがある。

「本を1ページ読んだら1円」で読書習慣がついた

松丸　宝槻さんの著書『強烈なオヤジが高校も塾も通わせずに3人の息子を京都大学に放り込んだ話』を拝読しました。お父さんがとてもユニークな方で驚きました。誰もが信じて疑わないような常識から、かなり外れた教育をなさってますよね。

宝槻　父は若い頃から塾を経営していたんですけど、いわゆる普通の勉強法ではないんです。子どもが好奇心を持って楽しんで取り組むためには、どういうアプローチをすればいいか、ということを研究していたんですよ。例えば、「読書が教育のプラスになる」と思ったら、子どもが読書にはまる仕掛けを考える。だからその仕掛けとして、我が家には「本を1ページ読んだら1円あげる」というルールがありました。

松丸　それは、どんな本でもいいんですか？

宝槻　そうです。だから、ひたすら漫画を読んでましたね（笑）。

松丸　そこがおもしろい。普通だったら、親が読ませたい本を渡して、「この本だったら1円あげる」と決めてしまいがちじゃないですか。でもそうじゃない。**子どもの好奇心ってどこにあるかわからない**し、それは親が見つけられることじゃないんですよね。だから、何を読んでもいいというのは素晴らしいと思います。

宝槻　やっぱり最初はお金がモチベーションになって、本をたくさん読むんですよ。でもそのうちに、読書そのものに喜びを見いだすようになっていって。いつの間にか「1ページ1円ルール」は自然消滅しました。大人になってから振り返れば、これは「外発的動機付け」から「内発的動機付け」に移ったんだとわかりますね。入り口はお金で動機付けしておいて、自分から本を読みたくなるステージまで連れていってくれたんです。

漫画でもアニメでもゲームでも、子どもが好きなことをやらせる

松丸　そう、入り口って大事ですよね。親に「この本を読みなさい」って言われても子どもは読まないと思うんです。読書といえば、僕が東大生ですという話をすると、よく「どれぐらい本を読んだんですか」と聞かれます。でも実は僕は小説や論説文などの本をほとんど読んでないんですよ。

宝槻　へー！

松丸　それは僕の母がおそらく、読解力とか言語力を身につける時に、小説を読むことが絶対の正義ではないと考えていたからだと思います。良質な漫画やアニメ、ゲームでも同じような力をつけることはできる、と。だから母は「この本を読みなさい」とは言わず、僕が興味を持ったアニメや漫画、ゲームを買い与えてくれました。同じ力が養われるならどちらを選んでもいいし、子どもが好きなことをやらせたほうが絶対に伸びると考えていたんでしょうね。

宝槻　うちの父も同じ。漫画はもちろん、ゲームやトランプ、麻雀も、思考力を鍛える効果があると考えていたから、それを僕ら兄弟が熱中してやることは大歓迎でしたね。ほんと、**入り口はなんでもいい**んですよ。今の親って「〜でなければならない」という、たくさんの「マスト」を握りしめているように感じます。でも、「こうでなければならない」というのは、どこからか仕入れてきたひとつの価値観に過ぎないんですよ。

松丸　親がマストに縛られて、その方法を子どもに押し付けても、**子どもが「やらされている」と思った時点で、効果は下がる**と思うんですよ。そうじゃなくて、子どもがいちばんやりやすい、やりたくなる方法を見つけるサポートができるといいですよね。

「楽しくない」をどうやったら「楽しい」に変えられるか

松丸　勉強も同じですね。「どこから入るか」というサイクルが、すごく重要だと思うんです。勉強ってやらないと絶対できないじゃないですか。できないと楽しくない、楽しくないからやらない、やらないからますますできなくなる…という負のサイクルがありますよね。

宝槻　あるある！

松丸　この負のサイクルから抜け出すためには、「できない」を「できる」にするか、「楽しくない」を「楽しい」にするか、「やらない」を「やる」にするかの、どれかなんですよね。

宝槻　うん、そうですね。

松丸　そこで、多くの親御さんは「やらない」を「やる」に強制的に切り替えさせようとしてしまうんです。でもそれでは子どもは勉強が嫌いになってしまう。そうじゃなくて、**どうやったら「楽しくない」を「楽しい」にできるかを考えたほうがいい。**
そのためなら「1ページ1円」みたいな外発的動機でもいいんだと思います。それで「やってみようかな」というところから、やったらできるようになる、できるから楽しい、に変化したら、子どもが自分から取り組む内発的動機に変わっていくかもしれない。

宝槻　わかる！　勉強というと、つらさに耐えて、真面目にコツコツというイメージがあるけど、それ以外の道があってもいい。

「世の中はハッキング可能」。正面ルートだけじゃない道がある

宝槻　父親に教えられたことで感謝しているのは、「**世の中はハッキング可能なんだ**」ということです。つまり、みんながやってる正面ルートからばかりじゃなくて、裏ワザが使える、ということ。例えばうちは3兄弟なんですけど、僕は高校中退、次男と三男は高校に行かずに、みんな大検を取って京都大学に進学しました。これって一種のハッキングですよね。細かい話だと、車の免許を取る時にも、僕は教習所に通わなかったんですよ。

松丸　え、免許って教習所に通わなくても取れるんですか？

宝槻　取れるし、教習所に通うことは、マストじゃないんですよ。

松丸　運転の実技はどうしたんですか？

宝槻　タウンページで教官を探して、個人指導です（笑）。そういうふうに、「**みんなが歩む道が絶対じゃない。正規のルートから逸脱しても別の道はある**」という考え方は父親から学びました。それは今の探究学舎を始める時にも活かされてますね。教育ビジネスって受験対策が当たり前で、受験対策をしない塾なんて無理だ、って皆に言われたんですよ。

でも、そうじゃない道、「ハッキング」も可能だ、と思えたから始められたんです。

松丸　「世の中はハッキング可能」って、大人にも子どもにも知ってもらいたい言葉ですね。やりかたの選択肢も入り口も、ひとつじゃないんですよね。

結果主義ではなく、ワクワクする学びのプロセスを

松丸　宝槻さんは「**子どもの好奇心に火をつける**」というテーマで、探究学舎を運営されていますよね。僕は「**考えることが楽しくなれば人生は無敵になる**」というキーワードで、謎解きを広めています。どちらも、子どもが自発的に取り組むようになることは共通してますよね。

宝槻　そうですね。子どもの勉強に関して言うと、日本は「結果主義」の社会なんですよ。親も子どもも「結果が出る方法」という感じで、受験のための勉強を迫られている。でも、探究学舎の場合は、結果にはあまりコミットしていないと思っているんですよ。探究学舎に通って、本当に思考力が上がるんですか？　好奇心に火がつくんですか？　と聞かれ

ても、わからない（笑）。だけど、僕らが提供しているプロセスは本当におもしろいという自信がある。だから、うちの教室に来た時に、結果を保証はできないけれど、この授業は楽しかったという体験は与えられます、というスタンスなんです。

松丸　わかります。謎解きも同じで、たくさんやったら、すぐに学校の成績が伸びるかといえば、無理なんですよね。でも、そもそも僕はそこを目指していなくて。謎解きを通して、頭を使って考えることは楽しい、アイデアをひらめくことは難しいことじゃないということを伝えたいんです。

宝槻　そうですね。結果主義じゃなくて、「ワクワクする学びのプロセス」をクリエイトしているのが、探究学舎と松丸さんの共通点だと思います。そういうところがほかにももっと出てくると良いと思うんですよ。だって、探究学舎だって謎解きだって、絶対じゃないんだから。**学びのメニューが豊富になって、子どもの選択肢が増えて、自分に合う学び方を選べるようになるといい**ですね。その時に「楽しいプロセスで、かつ結果が出る」という学びのスタイルが認められるようになるんじゃないかと思います。

松丸　例えば、新しい企画の打ち合わせをしている時に、アイデアを出すことが苦手な人に共通するのは、過去に自分で頭を使って何かをやったという成功体験が少ないことじゃないかと感じます。自分のアイデアにも「これっておもしろいのかな、いや僕なんかが言ってもな……」みたいになってしまって、人に話すことへの抵抗感が強いんですよね。だから僕は、謎解きを通して頭を使う楽しさや成功体験をもっと提供してあげれば、何か変えられるんじゃないかなと思っています。

宝槻　頭を使って攻略することが楽しくなるという効果は、静かに起こるじゃないですか。だから劇的にテストの点数が上がるというわけじゃない。でも、そういう状態になると、例えばトランプゲームの「大富豪」をする時でも、ボードゲームをする時でも、どうやったら勝てるのかを考えながら遊ぶようになる。そうすることで脳を鍛えられるし、それが将来、勉強をする時でも、何かを作り出す時でも、底支えしてくれる力になると思います。だから、将棋も囲碁もトランプも謎解きも、**頭を使って攻略することが楽しいという原体験**を得るアイテムとして、すごく優秀ですよね。

学歴だけでは中身がない。何か夢を持たないと腐ってしまう

宝槻　結果主義で一生懸命勉強して、東大や京大に入っても、東大生、京大生というブランドだけで食っていけるような時代ではないですから。松丸さんが東大という学歴と自分のビジョン・特技を組み合わせて道を切り拓いているのは、時代性だと思いますね。**自分だけの何か**を見つけないといけない。

松丸　僕も、高校生の時は東大合格を目標にして東大に入るための勉強をしていました。でも、合格して大学に通い始めて半月もしたら、学内で東大生というアイデンティティには意味がない。今まで東大に入るために勉強してきたけど、いかに自分に中身がないかということを実感したんですよね。

宝槻　僕も京大に入ってすぐはそうだったな。

松丸　その時に、東大生という肩書だけで終わらないためには、何か夢を持たなきゃいけないし、その夢に向かって取り組み続けなきゃいけない、何か明確なビジョンを持たないと自分は腐ってしまう、という危機感を持ちました。自分には何があるだろうと考えた時に、子どもの頃から大好きで、唯一兄3人に勝つことができたのは、謎解きだ、と気がついて、謎解きのサークルに入ったんです。

苦行でしかなかった勉強を、どんどんエンタメにしたい

宝槻　従来の学校の勉強って、やりたくない課題ばかりじゃないですか？　だいたい「勉強」って言葉そのものが、なんか、良くない言葉ですよね。

松丸　勉《つと》めることを強《し》いる（笑）。

宝槻　そうそう。僕の仮説だと、近代の「勉強」は、忍耐力を鍛えることを目的として設計されているんですよ。それはこれまでの世の中は、楽しくないけど必要なことがあふれ

ていて、それに立ち向かっていく人材が大量にいないと成立しない社会構造だったから。だから、楽しくないけど必要なことをやり続けるトレーニングとして勉強がある。でも、これからは「**やりたいことを実現する**」という方向に、大きく流れが変わっていくと思っているんですよ。

松丸　同感です。これまでの教育って、やれと言われた苦行をそのままこなせる人材かどうかを判定するための装置だったと思います。でも時代が変わって、マニュアルで済むようなことは、人工知能やプログラムにすべて置き換えられていく世界が迫りつつありますよね。そうして従来の教育が通用しなくなった時に、宝槻さんが言うように、自分の好きなこと、自分の人生を賭けてクリエイトしたいことを見つけて、それに熱中できる人間を育てる教育が必要になります。そのためには、今まで苦行でしかなかった勉強を、どんどんエンタメにしなければいけないと思います。

宝槻　その通り。だから、今、僕の一番の野心は、これまでの**つまらない勉強をすべて、子どもたちがやりたくて仕方がない勉強に変えてしまう**ことなんです。

親のマインドが変われば、子どもも変わる

松丸　僕はイベントなどで子どもたちの親御さんと話をする機会が多いんですが、いちばんやめたほうがいいと思うのは、「うちの子はそんなに地頭が良くないんですよ」と言うこと。これは今すぐやめてほしい。

宝槻　そういう親御さん、いますね。

松丸　その考え方ひとつで、子どもの可能性の天井が決められちゃうじゃないですか。でも、そういう人って、僕が何を言っても「いやいや、それはあなたが元から頭が良いからですよ」「育ちが良いからですよ」って言っちゃうんです。このマインドをどうすれば変え

られるのか、宝槻さんに聞きたいです。

宝槻　子どもの教育に主体的に携わっていることが多いのは圧倒的にお母さんだから、**お母さんの価値観のシフト**はすごく重要な意味を持っていますよね。でも、一発のスイッチで実現することは難しくて、段階的なプロセスが必要だと思っています。

松丸　ちょっとずつちょっとずつ、ですね。

宝槻　はい。お母さんが「うちの子ってやる気あるし、ポテンシャル高いかも！」と思うようになって、そういうコミュニケーションが日常のなかで当たり前に出てくることが到達点だとしますよね。その最初の一歩は、まず、そのお母さんのなかに眠っている、わが子への期待を確認することだと思います。つまり、自分が口にしていることと、期待していることにギャップがあることに気づいてもらうところからです。

松丸　そこは大きなギャップがありそうですね。

宝槻　どんなお母さんも**心の中では、頭のいい子になってほしいと思っている**はず。なのに口では「うちの子は……」と言っちゃってる場合がほとんどだと思うんですよ。だから、まずは自分の気持ちのギャップを確認する。その次のステップは、家族のなかでポジティブなコミュニケーションを心がける。「**うちの子はやる気ある、ポテンシャル高い**」って言う。そうして、家庭でそういう会話ができるって心地いいことだと知るのが大事。それに慣れたら、今度は家族以外の人の前でも言ってみる。そうやって少しずつステップアップしていくことで、お母さんのマインドのシフトが進むと思います。

松丸　僕がイベントでお母さんから聞いたなかで、いちばん嬉しかったのは、「うちの子って賢いかもしれない」という言葉ですね。謎解きは学校で教えられた解法に従って解くわけじゃないし、学校の成績とも関係ない。でもだからこそ、お母さんに子どもの可能性を感じてもらって、子どもに自分の可能性を信じてもらうという点でも貢献できると思っています。

宝槻　謎解きって、ひらめきですもんね。

松丸　僕自身がそうでしたけど、誰かに教えられたわけでもなく、自力で答えまでたどりつくと、すごい**自己肯定感**があるんですよ。俺ってすごいんだ、賢いのかもしれないって。それを見た親も「えっ、うちの子、誰にも教わってないのに謎解きできてるじゃない」とか「え、私よりも先に問題解いちゃったわ」と驚いて、「**もしかして、うちの子、天才じゃ**

ないかしら」と思うようになる（笑）。謎解きを通して、お母さんたちの「うちの子はぜんぜん勉強できない」という、学校の勉強だけを指標にする価値観を変えられたら、いちばん素敵だなと思っています。

好奇心に火がつけば、子どもは勝手に伸びていく

松丸　僕は宝槻さんの授業を観て、これは理想の学習だ！　と思いましたよ。

宝槻　僕の授業も、結局は子ども時代に原点があるんですよ。僕は子どもの頃から漫画やドラマ、映画を通して「ストーリーに触れる」ことが大好きだった。高校1年で中退して暇になってからは、本や映画の世界にどっぷり浸っていました。多分その影響で、僕のなかには「ストーリー化する技術」はあるんですよ。物事の素敵なストーリーを解説するということに喜びを得るし、手応えを感じる。その技術をひたすら磨いて、職人技になったという自信はあります。

松丸　宝槻さんも、自分の「好き」とか「得意」を活かして今があるんですね。

宝槻　そうですね。例えば、数学の「確率」なんて難しそうに感じるものでも、学びたくなる気持ちに持っていくための物語化はできる。確率というものが日常のどこに繋がるのかとか、数学者がその概念に到達するまでの過程なんかを、すべて物語化して、確率ってすごい、おもしろい、って学びたくなる気持ちを高める自信があります。これが「**好奇心に火をつける**」技術ですよね。

松丸　前回対談させていただいた花まる学習会の高濱先生は、子どもは何かに没頭している時にいちばん伸びるとおっしゃっていました。宝槻さんがご著書で書いてらした「フロー状態」というのも同じことですね。

宝槻　そう。**子どもの変化は劇的で、火がつくと勝手に突き抜けていく**んですよ。僕の「元素」の授業を受けて元素にはまった子は、４か月ぐらいかけて自分で元素カルタをつくって、その後、クラウドファンディングで資金を集めて商品化しました。「宇宙」の授業を受けたら親子で一緒に火がついて、ＪＡＸＡの種子島宇宙センターに行っている家族もいますね。

松丸　それ、すごいですね。

宝槻　ストーリー化が得意な僕の野心として、将来は『ゼルダの伝説』のようなゲーム型の学習教材を開発したいと思っているんですよ。タイトルは『探究の伝説』っていうんですけど(笑)。ゲームの世界に入ると、数学者の館とか音楽家の館とかがあって、そこに入るとニュートンとガリレオとかベートーベンがいて、そこからクエストが始まるんです。それで、数学者が数学の方程式を生み出す時とか、ベートーベンが第九を作曲する時に、主人公が手助けをしながら、歴史を再現する。そういうゲームがあったら、学ぶことがもっと楽しくなるんじゃないかなと思って。

松丸　『ゼルダの伝説』は僕も大好きでした！　その教材、いいですね！　一緒にやりたいです。

親は「リアクション芸人」になるべし

松丸　読者である親御さんに、宝槻さんからアドバイスはありますか？

宝槻　どんな親にもすぐにできて、かつ決定的な影響力を持つかかわりは、子どもの話を聞くことだと思うんです。**子どもが自分の好きなことの話をしている時に、興味を持って聞いてあげて、一番のファンになる。**そうしてくれたら子どもはハッピーになるし、モチベーションも上がるじゃないですか。父親でも母親でもいいんです。子どもの話を聞いた時に、「すごい！」「それでそれで？（パアァ…）」みたいに、**リアクション芸人**になるぐらいの感覚でいいと思います。

松丸　いいですね。子どもがやっていることを悪いことだと決めつけるのを、やめてほしいですね。先入観にとらわれている人が多いと思うんです。「子どもは自分のためになることなんて自分からはやらない、だから私がどうにかしなきゃ」みたいな。そうじゃなくて、子どもは自ら好きなことをやってるわけで、そこには必ずなにかしらのプラスとマイナスがあるので、そこをちゃんと見極めてあげてほしい。宝槻さんの「話を聞く」というのは大賛成で、子どもがやっていることを止める前に、何に魅力を感じているのかを聞いてあげてほしいし、そこからどんな学びを得られるのかを考えてほしいですね。

宝槻　結局、親子の関係でも大切なのはコミュニケーションなんですよね。

松丸　本当にそう思います。僕らのやっていることも、そのきっかけ作りになってくれるといいですね。

第2章の

ポイント3か条

・世の中はハッキング可能。みんなが当たり前と思っている以外にも道はある。

・好奇心に火がつけば、子どもは勝手に伸びていく。漫画でもゲームでもなんでも、熱中の入り口になる可能性がある。

・親はリアクション芸人であれ。子どもの好きなことの話に興味を持ち、大きく反応しながら聞こう。

松丸くんの

ふりかえり

宝槻泰伸さん

宝槻先生は、いい意味でとがってましたね（笑）。やりたいこと、知りたいことを突き詰めていくなかに学びがある、好奇心に火をつければ子どもは勝手に伸びていく、という考え方で、まさに子どもファーストの教育論ですね。

塾なのに「結果にコミットしない」と断言しているのもすごい。成績向上を目的にしていないのに子どもがどんどん伸びていく。だから通わせたい保護者が後を絶たない。ブランディングとしてもすごくて、経営者としても勉強になります。

印象的だったのは、「世の中はハッキング可能」というフレーズ。大学受験にしろ、自動車免許取得にしろ、みんなが正しいと思っている正面ルート以外にもいろいろな道があるんだという話。僕はこれを、「夢はいつ抱いてもいい」というメッセージだと感じました。世間の固定観念にとらわれていない宝槻先生だからこそ、説得力があるんですよね。

ゲームを教育に。
学校の成績で測れない
子どもの力が、
ゲームを通して
見えてきます。

第3章 藤本徹さん

藤本徹 ふじもと・とおる

東京大学大学院情報学環 准教授

藤本先生は、ゲームを利用して学びの効果を高める「ゲーム学習論」の、日本における第一人者です。

教育や企業の人材育成の場でも、ゲーム的な要素を取り入れる「ゲーミフィケーション」という考え方が近年注目され、取り入れられ始めています。藤本先生は、デジタルゲームを利用した教育方法・学習環境のデザインや、オンライン教育における学習コンテンツの研究に取り組んでいます。

子どもの頃からテレビゲームが好きだった藤本先生。アメリカの大学院への留学時に、ゲームを使った社会課題解決の研究に触れたことが、ゲーム学習論を志すきっかけになったそうです。海外での研究や取り組みにも造詣が深く、自身の研究チームではオリジナルのゲームコンテンツも開発しています。

1973年大分県生まれ。慶應義塾大学環境情報学部卒。民間企業等を経てペンシルバニア州立大学大学院博士課程修了。2021年より現職。著書に『シリアスゲーム：教育・社会に役立つデジタルゲーム』(東京電機大学出版局)、『ゲームと教育・学習』(共編著、ミネルヴァ書房)、訳書に『デジタルゲーム学習』(東京電機大学出版局)、『幸せな未来は「ゲーム」が創る』(早川書房) など。

ゲームをしたほうが勉強の役に立つ？

松丸　先生が翻訳なさったゲーミフィケーションについての本を拝読していたので、以前からお話ししたかったんです。先生とは以前、「ゲームと教育」をテーマにしたポケモンのイベントで初めてお会いしましたが、お話がとても興味深かった。

藤本　あのイベントは、ゲームを怖いものと思っている親御さんに、安心してゲームをプレイしてもらうようにという主旨でしたね。

松丸　日本では、ゲームに抵抗がある大人がまだ多いですよね。その中で「ゲームの教育的側面」に着目した先生の研究は興味深いです。

藤本　僕の専門は、ゲームを使って学ぶ**ゲーム学習論**です。まず、ゲームには4つの要素があるとされます。

①達成したい「ゴール」
②従うべき「ルール」
③成果を測る「フィードバックシステム」
④自分からやりたがる「自発性」

この4つです。この要素を取り入れて学習をゲーム化する研究もありますし、逆にゲームをプレイすることで自然と学習が進むこともあります。

松丸 わかりやすい例では、漢字や計算、英単語のドリルなどはゲーム化されていますよね。もうひとつの、いろいろなゲームをすることで自然に学べるという話もおもしろかったです。

藤本 そうですね。たとえば、シミュレーションゲームなら、**戦略性**や**見通しを立てて考える力**、ホラーゲームなら、**恐怖に立ち向かいながら前に進む力**や**困難な状況のなかで粘り強く考える力**が鍛えられます。パズルゲームなら、どこから手をつけていこうかという**論理的な思考力**が、RPG（ロールプレイングゲーム）はキャラクターの立場に立つことで、**感受性**や**読解力**が発達しやすいんです。

松丸　僕が子どもの頃だと、『ロックマン』では**戦略性**や**情報処理能力**を鍛えられたと思います。次にはまったのがRPGの『テイルズ』シリーズ。キャラクターひとりひとりが各々の正義を持っていて、やればやるほどそれぞれの痛みがわかるんですよ。それが**読解力**や、**人とのコミュニケーション**に役立っていると思います。謎解き系でいうと『逆転裁判』『ダンガンロンパ』シリーズが好きでした。矛盾を見つけていく中で、**論理的な思考**を鍛えられた気がします。いろいろなゲームをやると、いろいろな能力が身につくと思いますね。

藤本　そうですね。ゲームというとそれだけで眉をひそめる親御さんもいますが、僕はゲームをまったくやらないよりも、ゲームに慣れたほうが将来のためになると考えています。

太っても、ゲームのおかげでみるみる痩せた

松丸　藤本先生の本の中でも触れられている「直接学習ゲーム」「間接学習ゲーム」という話がすごくおもしろかったです。「直接学習ゲーム」とは、計算や英単語ゲームのように、ゲームのゴールと学習目的が一致しているもののこと。もうひとつの「間接学習ゲーム」は、一見学習とは関係なさそうなゲームを楽しんでプレイしているうちに自然とスキル

アップに繋がっているものという内容でした。

藤本 **「間接学習ゲーム」**の例をひとつ挙げると、僕は2002年から2008年までペンシルバニア州立大学大学院に留学していたんですけど、途中で10キロぐらい太っちゃったんですよ。その時にダイエットのために始めたのが、『ダンスダンスレボリューション』（DDR／音楽に合わせて体を動かすゲーム）でした。やっているうちに**みるみる痩せました**。これがわかりやすい「間接学習ゲーム」の例ですね。

松丸 『DDR』、僕もやってました！ 実は僕、小学生の時、かなり太っていて。小学3年生の時の体重が今と同じだったんですよ。

藤本 ええっ？

松丸 小学5、6年生になってさすがにヤバい、卒業アルバムに黒歴史で残っちゃう…と思っていたんですけど、ストイックにランニングなんてできない。でもその時に、兄が『DDR』にはまって。僕もやりだしたら、**めきめき痩せたんです**！

藤本 めきめき痩せますよね（笑）

松丸　ゲームのいいところって、スコアで自分の実力を把握できるじゃないですか。成果のフィードバックですよね。それに合わせて少しずつレベルアップできる。簡単な曲をクリアすると、難しい曲にチャレンジできる。難しいほうが達成感があるので、もっとやりたいと思うようになる。その結果としての減量なので、ぜんぜんつらくなかった。

藤本　子どもの肥満が問題になったウェストバージニア州では、公立中学校に『DDR』を導入して、体育の時間や放課後に活用する研究が行われました。肥満の子は、自己肯定感や自尊心が低く、運動嫌いが多い。でも、**ゲームなら楽しめる**だろうという試みです。5年間のプログラムでしたが、「子どもたちの運動に対する関心が上がった」「家族や周りの人を巻き込んでやるようになった」など、プラスの効果がたくさん報告されています。

学校の勉強では測れない「非認知能力」がゲームで鍛えられる

藤本　松丸さんの謎解きは「間接学習ゲーム」ですね。発想力や精神的な筋力を鍛えられる。

松丸　謎解きには「こうすれば解ける」というパターンがないので、「頭を使って考える」ための入り口になります。それを続けることで、脳の筋力がついていくと思います。僕は子どもの頃から謎解きが好きだったんですが、先生もゲーム好きだったんですか？

藤本　僕は1973年生まれで、小学4年生ぐらいの時にファミコンが出て、そこからですね。中学生になってパソコンを買ってもらって、『三国志』『信長の野望』『シムシティ』などのシミュレーションゲームをしていました。

ゲーム学習論を研究するきっかけになったのは『エイジ オブ エンパイア』というゲームですね。社会人になってからはまったんですが。ローマ時代など過去の文明のなかで兵を育てて敵と戦って領土を拡大する内容で、自分の打つ手によって状況がどんどん変化するリアルタイム戦略ゲームです。こういうゲームができるなら、**ゲームを教育に使える**んじゃないかと思ったんですよね。その後、デジタル教材を使った教育法やコンテンツを開発したくて、アメリカに留学しました。

松丸　シミュレーションゲームで養われる戦略とか、会社に入っても役立ちそうですよね。

藤本　同じようなシミュレーションゲームで、動物園や遊園地を建てて経営するものもあります。

松丸　町を作るゲームも流行っていますよね。いい町だと人が集まってきて、人が増えるとエネルギーが必要になるので、どこにダムを造るのかを考えたり、町の中にレジャー施設を作るのか、ホテルを建てるかで町が変化したり。

藤本　シミュレーションゲームは、現実では自分ができないことを体験できるのがいいですよね。**戦略性**や**計画性**が身につくと思います。

松丸　学校の教科の知識を学ぶドリル系の「直接学習ゲーム」は親が受け入れやすいと思うんです。でも、ゲームと学習の繋がりが見えにくい「間接学習ゲーム」は、「そんなことやっても何の役にも立たない」と言われがちですよね。でも学校のテストでは測れない**非認知能力**がこれから重要になるといわれている今、謎解きを含めて、「間接学習ゲーム」が持つ力が今後注目されると思います。

藤本　スポーツやほかのエンタメと一緒ですよね。サッカーをやっていると、結果的に体が鍛えられたり、仲間ができたりする。映画を観たり小説を読んでいると、想像力が育ったり、読解力が鍛えられる。日本ではいまだにゲームに対して厳しい目を向ける人も多いんですが、スポーツや映画、小説と同じような立ち位置で、ゲームの持つ力を知ってほしいですね。

教育×ゲームの取り組みは50年前から

松丸　世界では、どのような教育×ゲームの取り組みが行われているんですか？

藤本　アメリカではパソコンが普及し始めた頃から始まっています。例えば、『オレゴン・トレイル』というゲームは、１９７４年に教育用ゲームとして発売されて大人気になり、いまだにバージョンアップ版が発売されています。

松丸　そんなゲームがあるんですね！　50年近く前ですか。

藤本　はい。19世紀の西部開拓時代に開拓者が歩いた道、オレゴン・トレイルをモチーフに、お金や物資などを管理しながら、家族で西海岸を目指すという内容で、その過程でアメリカの地理や歴史を学ぶことができます。１９８５年に発売されたゲーム『カルメン・サンディエゴ』も、プレイヤーが刑事になって、アメリカの各地を逃げ回る怪盗を追跡しながら、訪れた都市の歴史や地理を学ぶしくみになっています。ここに挙げた2つは、アメリカの子どもたちならみんな知っているといえるほど有名なゲームです。

松丸　やっぱりアメリカは進んでいますね。

藤本　そうですね。でも、教育×ゲームの取り組みが一気に普及するきっかけになったのは、日本のゲーム機なんです。２００４年に任天堂の携帯ゲーム機「ＤＳ」、２００６年に家庭用ゲーム機「Ｗｉｉ《ウィー》」が出て、脳トレとか体を動かす『Ｗｉｉ《ウィー》 Ｆｉｔ《フィット》』が人気になって、教育に使えそうなおもしろいゲームが出てきたということで、アメリカで教育に活用する研究が活発化したんです。

特に「Ｗｉｉ」が出た時には、ボウリングをリハビリで使うとか、老人ホームで子どもとお年寄りが一緒にプレイすることで親和性が高まるとか、リハビリ、ヘルスケア、教育などいろいろな分野でゲームを使おうという動きが出てきました。

松丸　僕も今、フィットネスゲームをやっているんです。敵を倒していくと気づいたら筋トレになっているというフィットネスゲームなんですけど、本当にすごいと思うのは、とことん楽しい見た目で、とことん喜ばせてくれるから、運動はハードでもなぜか続けてしまうんですよ。

藤本　まさに僕は、そういったフィットネスゲームのように、**ゲームで目的を達成しようとして、付随的に学習効果が出たり、健康増進になる**ゲーム学習が好きなんです。以前からの研究対象ですね。

ゲームをやることで数学的思考が鍛えられる

藤本　おもしろい実験があるんですよ。数学のゲーム教材と普通の教材で学んだ後に数学の問題をやらせても、点数に差はなかった。でもさらにその後、数学の問題を「これはゲームの中のあれと一緒だよ」とゲームの内容と結びつけるような説明をしてやると、ゲームで学んだ人の点数が伸びたんです。すぐに知識として繋がってなくても、ゲームをやっていることで、自然と数学的な思考が鍛えられているのかもしれません。

松丸　そう考えると、ポケモンなんかにも共通していますね。バトルの時に、この敵にこの技はダメージが1・5倍とか2倍とか違いがある。子どもは自然に計算して、ダメージの強いほうの技を選んでいます。目の前の敵を倒すことに一生懸命になって、知らず知らずのうちに頭の中では算数と同じ計算をしますから。計算に強くなる。

藤本　そういう時に**サッと頭の中で繋げられるのは、ゲームをやっている人のほうが得意**ですね。

松丸　エビデンスにはならないと思うけど、僕の周りにいる東大生はほぼ全員、ゲームをしています。僕が知っている東大生でゲームをしたことがないという人は1、2割ぐらいかな。

ボードゲームで人間性も見えてくる

藤本 確かに東大の学生はゲームが上手かったり、強かったりしますね。私は職場(東京大学)のスタッフから誘われてボードゲームをやることがあるのですが、いつも負かされながら学んでいます(笑)。

松丸 僕も友達とボードゲームをやりますよ。ボードゲームは、親子でやるのにもお勧めですよね。コミュニケーションが多いので、例えば交渉が上手な子、交渉が苦手な子とか、**得意、不得意、人間性も見えてくる**んですよ。学校教育だと、科目ごとの点数でしか評価できないけど、ボードゲームだとテストで測れない力を見ることができる。子どもとコミュニケーションしながら、お子さんの**見えない力を見極めるいいツール**になると思う。

藤本 そうですね。ボードゲームもデジタルゲームと同じ効果がありますし、ああでもないこうでもないと言いながら会話ができるのがいいですね。

松丸　小学校低学年ぐらいなら、『ハイパーロボット』というボードゲームがお勧めです。何回、駒を動かしたらゴールにたどりつけるか、頭のなかで最短の手数を考えて競うゲームで、簡単なルールを覚えればすぐにできるし、答えが何通りもあるのがおもしろいんです。

ゲームが強い人に共通する「考える力」

藤本　ゲームだと、子どもが親や先生を負かすことがあるじゃないですか。それもゲームの良さのひとつです。

松丸　僕もそう思います。謎解きも親が子どもに負けるのは普通だし、一緒に考えながらやっていても、子どもの頭の柔らかさに親がびっくりするんですよ。

藤本　謎解きは、日々継続して考える力を鍛えるのに良いと思います。

松丸　ありがとうございます！　デジタルでもアナログでも、ゲームが強い人に共通しているのは、勝つための方法を考えるのが上手だということ。「ゲームに勝つためには、こういうプロセスを通るのがいちばん効率的だ」と考えるスピードが速いし適切だと思うんですよ。だから、こういう勉強をしたほうが効率がいいとか、こういうふうにマネジメントしたら成績が上がるとか、戦略ゲームみたいに捉えて楽しく勉強してますね。

藤本　学校の成績でいうと、学習にゲームを使ったり、ゲームをしながら学ぶことで、直接的にテストの点数が上がったり、成績アップの早道になるということではないんですよね。でも、**発想だったり思考力と直結する**ところがある。そういう**非認知能力**を鍛えるツールとして、教育プログラムが提供できたらいいなと思います。

子どものゲームを一律に規制することは正しいか？

松丸　ゲームといえば、「18歳未満はゲーム1日60分まで」という条例を作った自治体もありますよね。数年前からテレビで「ゲーム脳」や「ゲーム依存症」という言葉が取り上げられて話題になったこともあって、子育て世代の間でゲームに対して悪い印象が広まってしまったと思うんです。世論に敏感な政治家がそれに影響されてしまった結果だと思っています。もちろん、依存症という言葉がある通り、どんなことでも時間をかけてやりすぎるのは悪いことでしょう。でもそのバランスを考えるのは国じゃないし、一律で60分という規制はちょっと違うんじゃないかと。

藤本　**知らないから怖い**というのもあると思うんですよ。ゲームをやらない人は、子どもがなにをやっているかさっぱりわからない。だから、自分が理解できないことにはまっていることに不安を抱く。そうなると、悪い話にばかり注目してしまう。2019年にWHO（世界保健機関）が「ゲーム依存症」を障害として認定したこともあって、ゲームは怖いというイメージが加速したんだと思います。それで、怖いものは規制するという流れですね。

松丸　「知らないから怖い」というのは核心を突いていると思います。僕もよく親御さんから相談されるんですけど、**ゲームについて不安を抱いている人ほど、ゲームをやったことがない**ですよね。ゲームについて不安なら、まずはお子さんと一緒にやってみてほしいです。そうしたら、なにが楽しいかわかるかもしれないし、意外に頭を使うゲームだと感じるかもしれません。

藤本　ゲームについては世界中で研究が行われていますが、良いと言いたい人は良いデータばかり集めるし、悪いと言いたい人は悪いデータばかり集める(笑)。お酒が体に良い悪い、というのと同じです。ただ、現時点でハッキリしているのは、科学的にゲームそのものを**「決定的に良いとも悪いとも言い切れないけど、良くなるように使うことはできる」**ということと、ゲームに限らず**「何ごともやりすぎは良くない」**ということ。

もし、子どもと一緒にゲームをするのが難しければ、子どもが好きなゲームについて**興味を持って話を聞いてみる**だけでもいいと思いますよ。何を楽しんでいるのか理解しようという姿勢をもってコミュニケーションを取れば、不安な部分はなくなると思います。

松丸　まったく同感です。

「勉強は苦行じゃなきゃいけない」という考えから目を覚ませ

藤本　今は、危ないとか汚れるとかいろいろな理由で、子どもたちが森の中で昆虫採集をしたり、砂場で遊んだりする機会が減っています。その時代に、昆虫採集的な要素がある

ポケモンや、砂場で遊ぶような感覚の『マインクラフト』（ブロックで構成された世界で冒険や建築などを楽しむ世界的人気ゲーム）が人気になっています。子どもたちが外でできなくなったことを、デジタルゲームの世界でカバーしている一面もあるんですよ。**ゲームはすべて駄目だと言ってしまうと、子どもたちの遊びの機会自体を減らしてしまう。**

松丸　世界的にも「ゲームは悪」というイメージが浸透しているんでしょうか？

藤本　どこにでも、ゲームをやりすぎると暴力的になるとか、頭に良くないと主張する人がいますが、必ず別の研究者によってその証拠が正しくないという反証がなされています。むしろ、学習にゲームを使う流れは加速していて、アメリカやヨーロッパは既に大きな市場ができていますし、アジアだとシンガポールや韓国もゲームを使った教育に投資をしています。

例えば、町づくりゲームの老舗『シムシティ』は学校の先生向けの教育用ガイドブックや授業で使える追加コンテンツを提供しています。文明を発展させる人気ゲーム『シヴィライゼーション』も教育コンテンツのパッケージを出していますし、『マインクラフト』の教育版も欧米の学校で導入されています。

松丸　それは楽しそうですね！　日本だと「勉強は楽しんでやるものではなく、苦行じゃなきゃいけない。つらいとか大変だという経験を通して忍耐力が養われるのだ」と言う人がいて、そういう人たちは、楽しく勉強することが許せないんですよね。本当に、**目を覚ましてください！**　と言いたいですね。

藤本　苦行に耐えて結果を出せた人がそういうことを言うんですよね。スポーツの指導者にも多いんです。いわゆる精神論で、苦行に耐える、我慢することを美徳にしている。でも、苦行に耐えられずに勉強やスポーツが嫌いになる人も多いわけです。自分が苦しかったんだから次の世代も同じように苦しむべきだ、じゃなくて、自分がした苦労を次の人がやらなくて済むように考えること。そうして社会が健全に発展していくんだと思います。**我慢しなくて済むならしなくていい**と思うし、**楽しく学べるならそっちのほうがいい**し、

教えなくても自然に学べるならそっちのほうがいいと思うんです。それが、ゲーム学習論の研究を始めた理由でもあります。

ゲームの学びを家庭に取り入れる

松丸　僕は子どもの頃からゲームが大好きだったんですが、うちの親は「勉強を3時間やったらゲームはいくらでもやっていい」というルールを作ったんです。僕はゲームがやりたいので、朝早く起きて1時間勉強して、学校の休み時間にも1時間勉強して、帰ってきて1時間勉強するようになりました。そうしたら日が暮れる前からゲームができるので、最高だと思っていましたね。

藤本　それは素晴らしいですね。こうやればどんな子でもゲーム的に勉強できるようになるというお手軽なメソッドはないんです。「今より勉強すること」をゴールにして、**子どもたちが乗りたくなるようなルールを作る**ことが重要です。**ポイントとかレベルとか、遊びの要素を兼ねてやる**といいですよね。親として、「毎日やってほしいけど、なかなか習慣づかないこと」をゲーム化すると、うまくいくかもしれません。

ゲームを教育に。学校の成績で測れない子どもの力が、ゲームを通して見えてきます。

そのためにも、子どもがどんなゲームが好きか話を聞いて、子どものタイプによって工夫する。それを考えたり、うまくいくように試行錯誤することもゲームみたいでおもしろいので、ぜひ試してほしいですね。

（撮影協力／ボードゲームカフェ　コロコロ堂）

第3章の

ポイント3か条

・ゲームを学習に使う流れは世界の潮流。学力向上、生活習慣改善すらゲームで可能。

・学校のテストで測れない力がゲームで見えてくる。戦略性・試行錯誤力・論理的思考力・感受性・読解力などが鍛えられるゲームもある。

・親もゲームをやってみる、子どもの話を聞いてみる。「知らない」がなくなれば、むやみに怖がることもなくなる。

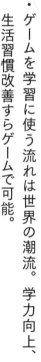

松丸くんの

ふりかえり

藤本徹さん

ゲームっていうと、なにかと悪いイメージがありますよね。でも、ゲーム学習論のプロフェッショナルである藤本先生から、ゲームの良い点をたくさん挙げていただけて、スッキリしました。

僕がゲームの良さを語っても「とはいえ…」とか言われてしまいがちなんですよね。でも、藤本先生のような専門家から、統計的・学術的にどう捉えられているのか、エビデンスをベースに説明してもらえると、皆さんも納得できるのではないでしょうか。

ゲームにもいろいろありますけど、良いゲームは思考を刺激したり、学習に役立つ効果があるというのは、もっと日本でも報じられていいことだと思います。子どものゲームについて悩んでいる親御さんは、この対談をじっくり読んでほしいですね。

実は藤本先生とは、謎解きとゲーム学習論を絡めて新しいプロジェクトが進んでいます。詳しくはこの本の254ページで！

第4章　石戸奈々子さん

デジタルは鉛筆と同じ。
便利なツールを使って、
好きなことをやってみましょう。

石戸奈々子 いしど・ななこ

CANVAS代表

石戸さんが代表を務めるCANVASは、「子どもたちの目が輝き、創造力を発揮する社会を創りたい」という願いで2002年に設立されたNPO法人です。

年に一度開催される「ワークショップコレクション」には100種類以上の子ども向けワークショップが一堂に会し、デジタル、アナログ双方のものづくり体験を提供。2日間で10万人が来場し、子どもたちが自分の「好き」を見つける場になっています。

産官学、企業と政府や地方公共団体等と大学等が一緒になって、さまざまなプレイヤーを巻き込み、社会全体で子どものための創造・表現の場を支えていく。その充実を目指して、活動を続けています。また、プログラミング教育の必修化、デジタル教科書の導入、1人1台端末の導入も推進してきました。

東京大学工学部卒業後、マサチューセッツ工科大学メディアラボ客員研究員を経て、NPO法人CANVAS、株式会社デジタルえほん、一般社団法人超教育協会等を設立、代表に就任。慶應義塾大学教授。総務省情報通信審議会委員など省庁の委員やNHK中央放送番組審議会委員を歴任。デジタルサイネージコンソーシアム理事等を兼任。政策・メディア博士。著書に『子どもの創造力スイッチ！遊びと学びのひみつ基地　CANVASの実践』（フィルムアート社）をはじめ、監修としても『マンガでなるほど！親子で学ぶ プログラミング教育』（インプレス）など多数。

「子どもとデジタルなんてとんでもない！」という拒否反応

松丸　石戸さんはNPO法人CANVAS《キャンバス》で、子ども向けに、プログラミングや工作・芸術などのワークショップをたくさん開催してますよね。

石戸　はい。CANVASのキャッチフレーズは「遊びと学びのヒミツ基地」です。子どものクリエイティビティやコミュニケーション能力を育む活動を産官学連携で推進しています。「教育」っていうと堅いイメージがあるので、ポップに広げていきたいと思ってます。「ワークショップコレクション」というワークショップの博覧会イベントを開催してきました。今では2日間で10万人も参加する規模になりました。

松丸　すごいですね。

石戸　始めた時は2002年で、デジタルを使ったワークショップに対しても「子どもとデジタルなんてとんでもない」と拒否反応が強かった時代です。でも、そんな時から、一人一台、情報端末を持って学ぶ環境を整えよう、知識を暗記するこれまでの学びから、思考創造型の学びに変革しよう、**テクノロジーで学びを変えられる**んだと訴えてきまし

た。

松丸　日本の勉強って、昔から苦行であることが前提という感じがあるじゃないですか。忍耐力を鍛えるためにはそういうつらさも大事なんだっていう。でも、タブレット端末やデジタルコンテンツを使っての学習はもっと自由で、楽しそうですよね。

石戸　ですよね。でも教育業界の拒否反応は本当に強くて、テクノロジーを導入することのメリットってなんですか？　と何度も聞かれました。教育の先進国として知られる北欧で、視察に訪れた日本人だけが聞く質問として言われているのが「**パソコンを導入したら成績が上がるんですか？**」というもの（笑）。これは「**鉛筆を持ったら成績が上がりますか？**」という質問と同じですよね。鉛筆もパソコンも道具にすぎないから、それを使ってどういう学びを作っていくかが重要だと思います。

教育にテクノロジーを活用する3つのメリット

松丸 教育もアナログからデジタルに変わっていくなかで、拒否反応があるんですね。

石戸 はい。そこで私は「教育にテクノロジーを活用することで3つのメリットがあります」と言ってきました。それは「**創造**」「**共有**」「**効率**」です。言い換えると、「**楽しく 繋がって 便利**」ということです。

松丸 どういうことですか？

石戸 「**創造**」は、教科書の文字だけだとわかりにくかったものも動画やゲームを使ってわかりやすく、楽しく学ぶことができるということです。

「**共有**」は、先生と生徒がタブレットで常に繋がっていたら、生徒が手を挙げられなくても、素敵な考えを持っていることに先生が気がついて、みんなに共有してあげることができますよね。それに、海外の学校とオンラインで繋げて英語の勉強をすることもできる。

「**効率**」という点では、個人に合わせた学びを提供できるのがいちばん。さらにドリルの採点のような機械ができるものは機械に任せてしまえば、先生は子どもに向き合うことだけに集中できるようになります。

松丸 勉強の仕方が大きく変わりますね。

石戸 はい。ただ、テクノロジーはあくまでツールです。学校だけじゃなく、CANVASの活動にも共通するのは、テクノロジーを使って何か特定のスキルを育もうとするのではなくて、**世の中がどう変化しても対応できる学び続ける力、考え方**を伝えたいということなんです。

公式を暗記する教育では自分で考える力は育たない

石戸 松丸さんはどうやって学んできました?

松丸 僕の場合は、ドリルで問題を解くよりも自分で問題を作っていたんです。それが成績を上げるきっかけになったと思います。

石戸 ええ? 自分で問題を作っていたんですか?

松丸 公式を覚えるのは好きじゃなくて。ドリルは同じ公式で解ける問題ばかり続くじゃないですか。公式を覚えればやれるけど、それに飽きちゃって（笑）。それよりも自分で問題を作って、どうやったら解けるのかなとあれこれ考えたことがいちばん意義のある学びになったと思います。公式というツールを使って遊んでいる感覚があったので、特に苦もなく勉強が進みました。

石戸　私も公式を覚えるのが嫌いでした（笑）。与えられた公式で解くことに慣れてしまうと、それに捉われて、柔軟に思考することが難しくなりますよね。大学時代に家庭教師をしていた時、何を求められているのかを理解しないまま公式に当てはめたがる子がいました。

松丸　わかります。僕が家庭教師をしていた小学生にもいました。例えばたいていの図形の面積って掛け算すれば答えが出ますよね。でも、台形は「（上底＋下底）×高さ÷2」って特殊じゃないですか。それなのに、台形でも問題文に出てくる数字をとにかく掛け算してしまう子が一定数いました。

石戸　公式を丸暗記するのではなく問題を分解してみると、ベースになっている考え方ってそんなに多くない。そこを理解していると、どんな問題がきても対応できるようになりますよね。

松丸　そうですよね。公式を覚えなさいという教育では、子どもが自分で考える力は一切育っていない。台形を2つに分けたら三角形になるとか、ひっくり返してくっつけたら平行四辺形になるとか、見た時に**自分でそこに気づく瞬間がいちばん楽しい**し、その過程で**考える力**が育つんだと思います。

石戸　問題から得た情報を分解して、論理的に組み立てていけば、いずれ答えに繋がる。その考え方はプログラミングにも通じているんですが、謎解きも共通していますね。

今まだない世界を作る場所との出合い

松丸　石戸さんが教育やテクノロジーに興味を持ったきっかけは何だったんですか？

石戸　子どもの頃は宇宙に憧れていたんです。兄が科学館が大好きだったんですが、それについていくうちに、私はプラネタリウムにはまって。それで、航空宇宙学科がある大学に行きたいと思って、東大を選びました。でも、東大の授業で見たビデオで、ＭＩＴメディアラボ（米国マサチューセッツ工科大学にある、世界最先端の研究所）の存在を知った瞬間、私が行くのは宇宙じゃない、メディアラボだと思いました。

松丸　子どもの頃から宇宙が夢だったのに！（笑）

石戸　後から考えると根本は同じなんです。「未知の世界への探求心」。宇宙は今ある世界に何かを探しに行くことになるけど、ＭＩＴメディアラボはデジタルの未来社会をリードしていて、今ない世界を作っていく場所だったんです。同じ未知の世界でも、既にある世界を探求するより、ない世界を作ることにわくわくしたんですよ。それで、客員研究員としてＭＩＴに行きました。

松丸　ＭＩＴの学びの環境や経験が今の活動に繋がっているんですね。

石戸　そうですね。世界中からありとあらゆる分野の第一人者が集まっていて、生徒も含めてとにかく多様な人がいるんですけど、先生も生徒もスポンサーもフラットに議論し合

えるところでした。MITでは考えるだけではなく、形にする、アクションをすることを求められるので、施設には何か思いついたらすぐに作れるような環境があります。新しい非常識なことにチャレンジをすることが賞賛される文化でしたね。学びのおもちゃ箱みたいなところで、こういう場所で子どもも大人も学べたらいいのにと思いました。

松丸　いいですね。想像するだけで刺激的です。

学びたい気持ちがあれば学ぶ手段はたくさんある

石戸　MITには、新しいテクノロジーの恩恵を最も受けるのは、子どもと発展途上国だっていう思想があったんですよね。今、世界中の子どもたちが使っているスクラッチというプログラミング言語もメディアラボが生み出したものです。私がいたところでは、一人一台100ドルのパソコンを配るプロジェクトが始まろうとしていました。それは技術チャレンジであり、学校や教科書がない、教師がいないような地域で、ネットワークに繋がったパソコンを子どもたちに配ることが学びへの最大の近道なんだという教育改革のチャレンジでもあります。

学びの空間としてのメディアラボの魅力とメディアラボの学びに対する考え方の両方に感銘を受けて、日本でCANVASを始めました。

松丸　海外の学習は、型にはまっていないなと感じることが多いですね。日本の場合、授業のなかで何をしなきゃいけないと事細かに決まっているので、どうしても形を変えられない部分が出てきて、東大でも最適な授業ができていないと感じることが多いんです。

いちばんもったいないのは、それで情熱を失ってしまう人がいること。これを学びたいと思って授業を受けているのに、これしか提供してくれないんだってわかった時に心が離れてしまう。例えば、デザインを勉強したくて授業を取っても、ほかの生徒のパソコンのレベルやデザインの知識に差があるから、全員が満足する水準では教えられないでしょう。

石戸　そうですね。

松丸　もちろん、自分で勉強することはできるんですけど、そもそも先生と1対1で相談できる機会も少ないので、大学で授業を受ける意味ってなんだろうと疑問が湧きますよね。

石戸　以前、ビル・ゲイツさんが「いずれ、世界最高の学びは大学ではなく、ネットで得られるようになるだろう」と言っていたのが心に残っています。現に、そうなりつつありますよね。東大もMITもスタンフォードもハーバードもオンラインで授業を公開していて、大学に入らなくても学びたいことを学べるわけです。昔はお金を持ってないと読みたい本も読めなかったし、大学にも入れなくて、その先生の講義にもたどりつけなかった。でも今は**学びたいという気持ちがあればいろいろな手段がありますよ**ね。すごくいい時代になりました。

松丸　僕もそう思います。

デジタル化で学校と教師の役割も変わる

石戸　今は、**学びの場のあり方をゼロから考えなおすタイミング**なんじゃないかと思いますね。例えば、150年前の外科医を今の手術室につれてきてもまったく役に立ちません。そのぐらい医学は大きく進歩しました。でも、学びの場としての教室はどうでしょう？

江戸から明治になった150年前に、寺子屋から一斉授業に切り替わりました。工業社会には適した手法だったと思います。しかし、それから今に至るまでずっと、教室は「先生が知識を伝達する場」です。これだけ社会が大きく変化するなかで、一度、**日本の教育を考え直すべき**ではないでしょうか？

松丸　大学のテストも、授業のノートを復習して臨む人もいますけど、ユーチューブで関連する動画を見て勉強している人もいます。学び方には選択肢があって、何を選んでどう学んでもいいというやり方のほうが、生徒は自分に合ったものを選べるし、先生との相性も気にならないから、今の一斉授業よりもいい学びになりそうです。

石戸　そうなると教室も先生もいらない、という話ではなくて、**役割が変わる**んです。今回の新型コロナウイルスの影響で、海外ではオンライン授業に切り替わったところもたくさんありますが、やっぱり、それだけでは物足りない。同じ世代の子どもたちが教室に集って、オンラインで学んだことについて議論をしたり、理解を深めるためのアクションをすれば、学びを定着させることに繋がるし、そこに集う価値があると思うんです。そのなかで、先生の役割としては、ただ教えるティーチングよりも、**集団での活動を支援するファシリテーション**になっていく。それが、これからの学校の姿だと思いますね。

松丸　発展途上国で学校の授業を受けられない子どもでもオンラインで勉強できる時代は、アイデアひとつで世界に飛び出すことも夢じゃないし、遠くの誰かと一緒にモノづくりをすることもできる。石戸さんの著書のなかに「一億総クリエイター時代」という言葉がありましたが、これからの教育として、創造力とコミュニケーション力の育成が大切だという理由がわかりました。

石戸　今は第４次産業革命といわれ、今まで以上に変化の激しい時代なので、最近は保護者から「これからどんな職業が生まれるんですか？」「どんな職業が残るんですか？」とよく聞かれるんですけど、私にもわかりません(笑)。ただ、２００年前の産業革命の時にも「機械に仕事が奪われる」という同じ議論が起きているんです。確かに、その時にあったいろいろな仕事がなくなりましたが、新しい仕事もたくさん生まれました。今のほうが圧倒的に便利で豊かになっています。**近い将来、今ある仕事の50％、60％がなくなるなら、それを埋める仕事を作るのが今の子どもたちの役目**です。だからこそ、自分で考えたり、仲間と共創するなかで新しい価値を作っていく力が大事だと伝えたいですね。

基礎教養としての、読み書きプログラミング

石戸　今の生活を見ればわかるように、お風呂を沸かす、冷蔵庫で何かを冷やす、銀行でお金を下ろす、何をするにしてもコンピューターに囲まれた生活をしていて、そのコンピューターはプログラミングで動いています。私たちの生活・文化・経済のありとあらゆるものにテクノロジーが影響を及ぼすという社会だからこそ、プログラミング教育の必修化が重要だと考えました。昔は基礎教養として読み書きそろばんといわれましたが、

これから必要になるのは**読み書きプログラミング**です。

松丸　スマホやタブレットの普及でコンピューターがより身近になったこともありますよね。

石戸　そうです。プログラミングといっても昔みたいに黒い画面に暗号のようなものを打ち込む作業ではなく、子どもたちが扱うのは、直感的でわかりやすいインターフェースです。幼稚園児でも楽しく取り組んでいるので、大人がやれば、「そんなに難しくないのかも。楽しい」と感じるはず。だからもしプログラミングを恐れているのなら、**まずやってみて、子どもと一緒に楽しんでもらいたい**ですね。

松丸　幼稚園児でもできるんですね！

石戸　「うちの子はコンピューターが好きじゃないんです」という人がよくいるんですけど、好きなことから入ればいいと思うんです。絵を描くことが好きなら、自分の描いた絵がアニメーションみたいに動くプログラムを作るのもいいと思うし、音楽が好きな子なら、プログラミングで作曲してみればいい。

プログラミングも道具でしかないから、それを使って何を表現するか、何を作り出すかがいちばん大事なことなんです。むしろ、**好きなことを伸ばすツール**として使ってもらえるといいんじゃないかな。

日常生活に役立つ、プログラミング的思考

松丸　僕は子どもの頃、『RPG《アールピージー》ツクール』というゲームを作るゲームで遊ぶのが好きでした。あるキャラクターに話しかけたらどんなセリフを言うとか、床に透明なブロックをしかけて、あるキャラクターが踏んだら別のキャラクターが歩いてきて話しかける、という感じで細かく設定できるんですよ。自分が作りたいものに対して、どんな順番で何を置いて、その結果、何がどう作動するのか、試行錯誤の末に自分が作りたいゲームが完成するんです。今思えば、これがプログラミングですよね。

石戸　まさに！　作りたいものを実現するための目標や課題を設定して、その課題を細分化して、順序立てて組み立てて、過不足なく指示しないとプログラムは作動しません。この考え方は日常のなかでも役に立つといわれています。例えば料理で同じ品数を作るのに、3時間かかる人と30分でできる人がいますよね。それはやっぱり**段取り**の違いで、まず自ジャガイモが煮えるまで時間がかかるからその間に他の材料を切っておくとか、まず自

分のやることを洗い出し、論理的に組み立てるという考え方があると、**日々の生活や仕事も、より効率的にできる**と思います。

松丸　「プログラミング」って、要するに「段取り」なんですよね。そう理解すれば、身近に感じますよね。

石戸　はい。**子どもたちは柔軟なので、すぐに慣れておもしろいことを始めます**よ。私たちが主催する全国小中学生プログラミング大会でグランプリを取った少年は、もともと夏休みの自由研究として、渋谷のスクランブル交差点に毎日通って渋滞の流れを観察していたんです。それから、どんなふうに信号を制御したら渋滞が起こりにくいかというシミュレーターまで作ったんですね。別の子は、お母さんが子どもを連れて病院に行って、問診票を書いたりするのがすごく大変そうだなと思ったそうで、病院に行く前に熱や症状を入力したらそれがデータでグラフ化されて、病院の先生と家族にその場で共有できて、なおかつ症状に合わせていちばん近い病院を探してくれるスマホのアプリを作りました。

松丸　それはすごい！

学ぶことが楽しいと思える姿勢がいちばん大事

石戸　テーマはさまざまなんですけど、最近は「**身の回りの人を幸せにする**」とか、「**社会を良くする**」ことに目を向けたプログラムを作る子が増えていると感じます。そういう意味でも、学校のなかに閉じない、すごくリアリティのある学びができるのがプログラミングです。

既にプログラミング教育を導入している学校の先生から聞く感想のなかでいちばん多いのは、「**手を動かしながら学ぶことになるので、試行錯誤をしながら主体的に学習する態度が育まれた**」という声なんですよ。まさにその試行錯誤する力、学ぶことは楽しいと思える姿勢こそ、これからいちばん大事なことだと思います。それを育むツールとしてプログラミングをとらえてもおもしろい。それは謎解きとも共通していますよね。

松丸　はい。どうやって解くんだろうと試行錯誤して、答えにたどりつく。その成功体験をたくさん重ねれば、先生に教えてもらわなくても、自分の頭一つで答えにたどりつけるんだと自信を持てるようになると思います。

石戸　ワークショップでのモノづくりも、試行錯誤しながらああでもないこうでもないと考え続けることが必要じゃないですか。その結果として、成功体験がある。謎解きもまさに試行錯誤する楽しさが自然と身につくという点で、CANVASでやってきたこととすごく似ていると思います。

好きなこと、得意なことから、学びが広がる

松丸　そうですね。子どもは嫌いなものはやりたがらない。でも楽しいことは進んでやりたがります。プログラミングでも謎解きでも、楽しければそこを入り口にすればいい。そこで忘れちゃいけないのは、どちらもツールだということで、保護者にとっていちばん大切なのは、とにかく子どもが興味を持って、自ら突き進んでしまうようなものをいかに提供するか、だと思います。

石戸　まさにまったく同じ考えで、CANVASのワークショップコレクションは2日間で150個ぐらいワークショップを開催しています。1つでも2つでも、**自分はこれ好きだな、得意だな**と思うことに出合えたら幸せだと思うし、それが入り口になって学びが

パッと広がることってあるじゃないですか。
ある小学生は、テニスのゲームを作りたくて、ボールの軌道を表現するために自ら三角関数を学び始めました。別の子は、プログラミングで作ったものを発信したら英語のコメントがついて、それに返事をするために苦手だった英語の勉強を始めました。

これまでの学校の勉強は国語、算数、理科、社会と分断されているけど、好きなものを作ったり表現する過程で改めて必要な勉強をしたり、学んだことを活かす機会もありますよね。**学びはすべてに繋がっていく**から、**好きなことを大切にしてほしい**です。

松丸　子どもたちのポテンシャルは高いと思うんです。三角関数なんて高1で習うものだと大人は思うけど、自分の興味と繋がっていれば学年に関係なく学ぶんですよね。

石戸　これからの時代に必要な能力は、「**クリエイティビティ**」と「**コミュニケーション力**」、それに加えて「**変化対応力**」だと思います。変化を楽しんで学び続ける力です。どんな分野においても学び続ける原動力となり得るのは、**学ぶこと、考えることは楽しいんだという原体験**なんです。この3つの力を持っている子は、たとえすごい変化が起きて今の教科書が全部非常識になったとしても、その時々に応じて必要なものを学び続けられると思います。

松丸　僕も、謎解きを通して伝えたいのは「考えることが楽しくなれば、無敵になれる」っていうことなんです。考えていることが一緒でびっくりしています(笑)。

第4章の

ポイント3か条

・デジタルは鉛筆と同じで便利な道具の1つ。子どもが好きなことを伸ばすツールとして活用を。

・いろいろなことをやってみて、自分の「好き」を見つけることが大切。好きなことから学びに繋がる。

・大切なのは「考えることが楽しい」気持ち。それがあれば、この先の時代のどんな変化にも対応できる。

松丸くんの

ふりかえり

石戸奈々子さん

石戸さんは、教育にテクノロジーを導入する最先端で活動なさっている方。その意義やメリットを存分に語っていただいて、すごくおもしろかったです。テクノロジーによって、教育格差が減り、学校での勉強が効率化して、学びの場がもっと思考創造型になる。世界はまちがいなくそっちに向かっていると感じて、ワクワクしました。

これからの子どもたちに必要なのは「創造力」と「コミュニケーション力」「変化対応力」というお話にも、強く共感しました。

「パソコンは鉛筆と一緒」と石戸さんがおっしゃっていたように、テクノロジーはあくまでツールに過ぎないんですよね。それを使って、子どもがやりたいことをどう実現していくか。親も、知らない・わからないからと闇雲に怖がるのではなくて、もっと知って子どもと一緒に楽しんでもらいたい、という話には僕も同感です。

第5章　齋藤孝さん

この世界はおもしろさで満ちている。
そう感じる心が生きる力に繋がります。

齋藤 孝 さいとう・たかし

明治大学文学部教授

齋藤先生は、教育学・コミュニケーション論がご専門。2001年に刊行した『声に出して読みたい日本語』(草思社)はベストセラーになり、日本語ブームを起こしました。

人間が生きていくうえで欠かせない「思考力」を培うベースとなるのが読書であり、読書により豊かな語彙力や幅広い教養を身につけることができると考えていらっしゃいます。

総合指導を務めるNHK Eテレ『にほんごであそぼ』は、子どもたちが日本語の豊かな表現に慣れ親しみ、楽しく遊びながら「日本語感覚」を身につけられると人気の番組です。

また、子ども向け大人向けを問わず、読書や教養、コミュニケーション力についての著書も多数執筆。著書累計発行部数は1000万部を超えています。

1960年静岡県生まれ。東京大学法学部卒業、同大学院教育学研究科博士課程を経て現職。読書や教養に関する著書を多数執筆。『声に出して読みたい日本語』(草思社)はシリーズ260万部のベストセラー。ほかに、『読書する人だけがたどり着ける場所』(SBクリエイティブ)、『小学生なら知っておきたい教養366』(小学館)、『本当の「頭のよさ」ってなんだろう？』(誠文堂新光社)など。

謎解きの良さは「考えることがおもしろい」と伝わるところ

齋藤　僕は、謎解きの問題をけっこう解いたことがあるんですよ。以前、テレビ番組の『今夜はナゾトレ』にも解答者として出ていたんです。その時から、これはおもしろい問題だなと気に入っていました。なぞなぞでもないし、雑学クイズでもない。しっかり考えると、答えが出る。「考えることがおもしろい」と伝わる。松丸さんはそういう新しいジャンルを作って広く認知させてきたわけで、それはすごく素晴らしいことだなと思うんですね。

松丸　ありがとうございます！　恐縮です（笑）。

齋藤　いわゆる一問一答形式ではなくて、**論理的な思考力**が問われる問題が非常に多いでしょう。普通のクイズとは違う、**考える力が育つ**スタイルになってい

ますよね。

松丸　先生の本を拝読して、僕がやっていることと近しいなと思ったのは、「頭の良さ」って必ずしも、学校で習ったことをどれぐらい覚えているかとか、知識がどれだけあるかということだけではないということでした。

子どもたちは学校の勉強から入るじゃないですか。学校でやる一問一答の問題で×が増えると、「自分は頭が悪いのかもしれない」と**自己肯定感**の低下が加速していってしまう。それが今の教育の課題だと思っていて。僕が謎解きを始めたのは、そこをひっくり返したいって思いがあるんです。

齋藤　なるほど。自己肯定感に着目されたのはすごく教育者的な視点ですね。

松丸　謎解きはひらめきに特化した問題なので、小学1、2年生が解けて、大人が解けないということも少なくないんです。頭を使って自分で答えにたどりついて、大人に勝った瞬間って、子どもからすると最強になった気持ちになりますよね。そこで一度、自己肯定感が得られれば勉強に取り組める。そういう力が謎解きのひとつの側面としてあるのかなと思っています。

齋藤　確かに、『ナゾトレ』の番組で解答した時、正解すると僕もすごく嬉しかったんですよ。その理由を想像してみると、考えたという作業に対するごほうびなんですよね。知っているか、知らないかではなくて、**頭のなかで工夫して考えた**ということが、**自己肯定感**に繋がっているんです。

齋藤孝・松丸亮吾の「自己肯定感」はどう育ったか？

松丸　齋藤先生は「考える」ことが得意ですよね。子どもの頃から自己肯定感が高いほうだったんですか？

齋藤　僕は極度に高いんですよ（笑）。でもそれは能力というより、**エネルギー感・生命感**ですね。体を動かすのが大好きな子どもだったので、体の内側からエネルギーが湧いている感覚があって、それが自己肯定感に繋がっていました。だから、テストの成績が悪からって自信を失うということはないんですよ。なにしろ僕は自動車免許の筆記試験すら落ちてますけど。

松丸　え、意外です（笑）。実は、僕の人生で最初に行き詰まったキーワードが自己肯定感なんです。うちは4人兄弟で、僕が末っ子なんですね。ゲームをしても、ケンカをしても負けるのは僕で、幼い頃は自己肯定感がかなり低かった。

齋藤　お兄さん（メンタリストのDaiGo氏）が強力だし、さらに2人いて末っ子となると、大変な競争環境ですね。

松丸　そうなんです。でも、子どもの頃に放送していた『IQサプリ』という頭の柔らかさが問われるクイズ番組を見ている時には、問題を解くのが家族でいちばん僕が早かった。それで、「僕、天才なんじゃね？」と思えて、自己肯定感が一気に高まりました。

自分が得意なことで自己肯定感を高める

齋藤　教育的な視点では、自己肯定感が低いというのは最も良くない状態です。感覚的なことでもあるので、勉強がよくできる人の自己肯定感が必ずしも高いとは限らない。そういう意味では、**自己肯定感という感覚を幼い頃に育む**ことが大切だと思います。勉強は苦手だけど謎解きの問題は解けた、大人に勝ったという経験があると、明るい自信ができるんですよね。

松丸　そうなんですよ。『ＩＱサプリ』で僕にはこれしかないと思って、それから謎解きにどっぷりはまって、その結果、兄たちに解けない問題を作りたいというモチベーションに変わって、クリエイターのほうに向かっていきました。

齋藤　自己肯定感に繋がるゲームというと、僕はトランプの神経衰弱が好きでしたね。大人は子どもほど集中して取り組んでない気がして、スキがあるように思ったんです。だから注意深く、集中力をもって臨むと、けっこう勝てる。勝っているうちに、自分は頭がいいかもと思いましたね。その時に、神経衰弱こそが頭の良さの指標なんだって自分で決めたんですよ。それで、勝ち続けるために強い人とやるのをやめて、生涯無敗を自分で確定したんです。宮本武蔵のように戦わないという方法で自らの地位を守った(笑)。

松丸 じゃあ、後でやりますか？

齋藤 瞬殺されそうですね（笑）。自己肯定感を高めるという意味では、僕や松丸さんのように、子どもたちは**自分が得意なことから始めればいい**と思います。**自信がつけばチャレンジができて、チャレンジができると経験が積める。**チャレンジする勇気に繋がる最初のきっかけは、謎解きでも神経衰弱でもいいんです。

松丸 同感です！

いちばん大切なものは「工夫する力」

齋藤 チャレンジする勇気とは、**試行錯誤**する力ともいえます。松丸さんは著書『東大松丸式ナゾトキスクール』のなかで、「試行錯誤力」を「エナジー」と言い換えていて、とてもおもしろいなと。確かに、あれこれと試行錯誤できるということはエナジーがあるってことですよね。

松丸 ゲームのパラメータの「HP」や「XP」のように、子どもに自分の思考力をわかりやすく認知してほしいという狙いがあって、試行錯誤力を「エナジー」と訳しました。今、齋藤先生とお話をして、**エナジーの根本にあるのは自己肯定感**だなとあらためて感じました。

齋藤　試行錯誤のなかでキーワードになるのが、工夫。簡単な言葉だけれども、失敗したら別のやり方をしてみるという壁を乗り越えていく感覚にも繋がるし、あらゆる領域でいちばん大事なことだと思います。謎解きは考える工夫が必要な問題ばかりだから、**自己肯定感**や**試行錯誤力**、**工夫する力**を育む入り口になりますね。

松丸　そうなれば嬉しいですね。

読書によって、世界を広げ、探索することができる

松丸　齋藤先生は読書の大切さを説いていらっしゃいますよね。実は僕はあまり読書を通ってきていない人間なんですよ。東大というイメージの影響で、小さい時から本をたくさん読んできたんだろうとか、知識があるだろう、教養深いんだろうと言われるんですけ

ど、僕の場合は読書以外のことでそれを培ってきたと思っています。でも、齋藤先生の『読書する人だけがたどり着ける場所』（ＳＢクリエイティブ）という本を拝読して、あらためて読書の大切さを感じました。どうやったら子どもに読書したいと思ってもらえるかというのは長年の課題だと思うので、小さい時の僕の心も踏まえて教えてください。

齋藤　僕にとって**読書は、ひとりで世界を広げることができる、探索することができる方法**だと思うんです。心を落ち着けて本を読んでいると、著者と一緒にいて、その人の精神世界に連れていってもらえる感じがしますよね。僕は読書が好きだったので、これまでに**読んだ本の一冊一冊が、自分の心のなかに味方として残っている**という印象がありま す。そういう意味では、松丸さんが読書をしないで今のように活躍しているというのは驚きです（笑）。でも、コミュニケーションは膨大にしてきたんですよね？

松丸　そうですね。人と話すことでいろいろなことを吸収してきたと思います。僕は人の考え方を知るのがすごく好きで、例えば兄のＤａｉＧｏとはよく喧嘩もしますけど、話せば話すほど、そういう考え方もあるんだということをどんどん理解していくんですよ。**賛成か反対かとか納得できるかどうかは別にして、**子どもの頃からずっとそうやって話し続けてきたことが、僕にとっては読書の代わりになっていたのかもしれません。

読書は、誰かの話を聞くことと同じ

齋藤　ＤａｉＧｏさんにもお会いしたことがありますが、多分、本をたくさん読むタイプですよね？

松丸　はい、１日20冊ぐらい読んでるらしいです（笑）。

齋藤　それはずいぶんと多いですね！　ＤａｉＧｏさんは長男だから、おそらくいちばん上でほかの兄弟からの刺激が少なかった。だから本で膨大な刺激を受けているのでしょう。松丸さんはそのお兄さんと話すことで、本を読んできた人の恩恵を受けてきたんですね。

松丸　本をたくさん読んでいる人から話を聞いているこ

とで、本を読んだのと同じくらいの養分が僕に行き渡るとしたら、ラッキーですね。

齋藤　読書は基本的に、著者の思考に寄り添っていく作業なんですよね。だから、**話を聞くということと同じ**なんです。それに対して反発もするだろうし、共感もするだろうし。読書が本当にできる人にとって、**読書はコミュニケーション**で、それができると本の世界に深く入っていける。松丸さんにとっては、家族とのコミュニケーションが学びになってきたのだと思います。

松丸　そうですね。家族で言葉を交わす時間はかなり大量にありました。僕ら4人兄弟はそれぞれ部屋があったんですけど、勉強する時はみんなリビングに集まってやっていました。ひとりになりたい時に自分の部屋に行くという感じですが、基本的にごはんを食べる時はもちろん、それ以外の時も、全員リビングにいました。それが会話のチャンスを増やした要因だと思います。

齋藤　そうなんですね。僕は**インプットよりもアウトプット重視派**なんですよ。本を読んだら、その内容について家族と話すというアウトプットが大事だと思います。それを家でやると、子どもは自分でしゃべった言葉が語彙になっていくから、使える語彙が増えていく。そういう意味では、松丸さんの家庭は語彙力や知性を鍛えぬくための素晴らしい環境だったんだろうと思います。

知らない言葉に出合った時に、すぐ調べることが大切

松丸　「語彙力」というと、ボキャブラリーが豊かということに重点が置かれがちだと思うんです。でも、簡単な言葉でもいいから適切に組み合わせて、自分の言いたいことを正確に伝達することがいちばんの語彙力ではないかなと。

齋藤　**語彙力とは言葉をセレクトする力、運用力**だと思うんですよね。文脈に合わせて、どんな言葉を選ぶか。頭に浮かぶ言葉の数が少ないと、どうしても全部が「かわいい」「やばい」になってしまう。そういう意味では、もちろん四字熟語を500個覚えるとか、知っている言葉の数が多いほうがいいんですけど、大切なのは難しい言葉を知っている・知らないというよりも、それをいかに的確に使いこなすかということ。それが語彙力だと思います。

松丸　そうですよね。僕は、子どもに最初に身につけさせるべきことは、具体的な語彙というよりは、**知らない言葉が出てきた時に、知らないままにしない意識**だと思うんです。辞書を見てもいいし、ネットで検索してもいい。自分で調べることでレベルがひとつ上がるというか。

齋藤　調べればすぐにわかることなのに、案外、大人でも検索しない人が多いですよね。言葉を間違えたまま使っている人も多いですし。

松丸　ありますね。例えば「情けは人のためならず」という言葉は、正しく使えている人は50％未満といわれています。正しくは、他人に親切にするとめぐりめぐって自分に良いことが返ってくる、という意味ですが、他人に情けをかけちゃいけないという意味だと思っている人が半数いるんです。でも、もしこの言葉に出合った時に、どういう意味だろうと調べていたら、そうはなりませんよね。そういう訓練を小さい時からやっていれば、語彙や知識に限らず、いろいろなことが正しく身につくんじゃないかなと思うんですよ。

齋藤　そうですね。リビングの真ん中に辞書を置いておくのも、ひとつのやり方だと思います。家族で話している時、テレビを見ている時、**知らない言葉が出てきたら調べる**。その意味について、家族で共有する。**家庭でそれを楽しめる**といいんですよね。このひと手間をかけてもらって、習慣になれば知的探求心が根づく家になると思います。

子どもに教養を身につけさせる簡単な方法

松丸　齋藤先生は、小学生向けに教養の本も出版されていますよね。子どもに教養をつけさせたいと思った時にはどうするといいんですか？

齋藤　難しく考える必要はありません。何かきっかけがあったら、そこからいもづる式に広げていけばいいんです。例えば、ムンクの『叫び』がおもしろいと言う子がいたとします。そうしたら、一緒にムンクのほかの作品を見るのもいいし、ほかの作者の絵でも「この絵も叫んでるね」って探したりして、興味の幅を広げていく。**子どもは一度心をつかまれると関心があっちこっちに伸びる**ので、親はそれを繋げていくアシストをするイメージです。今はインターネットがあるので、検索して、どんどんほかの作品をたくさん見てみようとか、というふうにやると割とスムーズに広がると思います。

松丸　僕はもうひとつ、**さまざまなジャンルのものを子どもの手の届くところに置いておく**ということも大事だと思っています。先生の本にも、食わず嫌いでなくいかに多様なものに触れているかが教養の深さを決めると書かれていましたよね。その時に、親が子どもに押し付けちゃダメ。強制されると、子どもの意欲がどんどん失われていくから、「置いておく」ことがポイントだと思うんです。

齋藤　松丸家でもそういうことがあったんですか？

松丸　うちの場合、家に算数パズルがありました。積み木とブロックみたいなやつなんですけど。僕がそれで遊び始めたので、親はそれを見て、数独とかクロスワードのパズル本を買ってきました。僕がその本に熱中したら、今度は『数の悪魔――算数・数学が楽しくなる12夜』(晶文社)という算数の魅力が書かれた本が家にあった。そこから算数にはまって、すごく得意になったんです。でも、その間、親からは一度も「この本読みなさい」「このパズルをやりなさい」と言われませんでした。その子が好きになるかどうかわからないけど、触れるチャンスを与えるというのはすごく大事なことだと思います。

齋藤　触れるチャンスというのは大事ですね。ローリングストーンズのキース・リチャーズは、家におじいさんのギターが飾ってあって、べつに弾けと言われたわけじゃないのに、それを見て、かっこいい！　と思って弾き始めたそうです。まさに、家にギターがあったことがきっかけなんですよ。

松丸　そうなんですね！

齋藤　ハンマー投げの金メダリストの室伏広治さんも、親からハンマー投げをやれとは一度も言われたことがないっておっしゃってました。でも室伏さんはお父さんも日本一のハンマー投げの選手だった方ですからね。だって普通の人はハンマーなんて一度も投げたことないですよ。

松丸　そうですよね（笑）。

齋藤　だからやっぱり環境なんですよ。室伏さんの場合は極端ですけど。子どもの頃から身のまわりにあるものが大事なんです。どこかへ出かけて触れてもいいし、家で用意できるものもある。親は負担かもしれないけれど、**子どもってすぐ大きくなっちゃう**から。その時に**子どもが触れられるところにあるものが大事**なんです。

松丸　やっぱり、子どもが幼い頃から、見たり聞いたり触ったり、体験するものが大切なんですね。

世界がおもしろいから、自分が生きる価値がある

齋藤　僕は、家庭での環境作りが**教養力**にも通じると考えています。最初のとっかかりとして、特に小さい子には絵本がいいでしょうね。絵本を１００冊、家に置いておいてほしい。図書館で一度に10冊ぐらい借りられますよね。そのなかで気に入った1冊があれば、それは買う。そうすると、１０００冊のなかから選ばれた１００冊になる。子どもはこれを繰り返し読みます。**絵本というのは、教養だけではなく情操教育にもすごくいい**んですよ。心が育つものだと思うので、絵本を１００冊置いて、読んだ内容について親子で会話をするということを子育ての軸にしてほしい。

松丸　僕も子どもたちの教養や心を育てる教育にすごく興味があります。ほかに親がやれることはありますか？

齋藤　親や教育者に意識してほしいのは、子どもに「**この世界はおもしろい、だから生きる価値がある**」と、暮らしや学校生活を通じて感じてもらうことです。目線が「自分」という内向きになってしまうと、「自分に才能がないから生きていく価値はない」と考えてしまう危険性がありますよね。そういう回路には絶対に入らないように、子どもの目線を外に向けて、「**この世界はおもしろいことにあふれている。それをもっと知りたい**」と感じるような環境を与えてほしい。今の時代、大人も子どもも「自分」にとらわれ過ぎじゃないのかなと思うんですよね。

松丸　わかります。ＳＮＳのフォロワー数や「いいね！」の数などでその人の価値を測ってしまうような傾向は、確かにありますよね。

齋藤　今の時代、他者を互いに評価し合う査定社会みたいになっていると思うんです。相互査定社会は、減点主義におちいりがちなんですよ。お互いにマイナスポイントを探してしまう。そういう社会は息苦しいでしょう。**世界という一生かかっても探索しきれない**

ほど広くて魅力的な森が広がっているのだから、他人の評価なんて気にしないで、その森で思いっきり羽を伸ばしてほしいですね。そうして育んだ教養は**発想力**や**ひらめく力**にも繋がっていきます。

松丸 そう思います。謎解きの問題を作るというクリエイティブの部分でも、幅広く知っているというのは、すごく大切で。何かのためになるからやるということじゃなくて、いろいろなものに触れておけば、引き出しが増えて、頭のなかの参考資料が多くなる。そうすると共通点を探すのが早くなって、応用が利くようになるんです。

齋藤 アイデアというのは、既存のものの組み合わせですからね。**教養が豊かなほうが、発想力が高くなる**ということです。例えば、謎解きとシェイクスピアを組み合わせたらおもしろいと思うんですけど、そもそもシェイクスピアを知らなければ、その発想が生まれないわけです。

謎解き×古典の可能性

松丸　教養をさらに深めるという意味では、僕らも日頃からインプットの分析もしています。例えば、『鬼滅の刃』は何がおもしろくてこんなに流行っているのか。それが自分なりにわかると、謎解きの問題作りにも活かせるようになる。その時も、やっぱり過去の作品をたくさん知っている人なら、この構造って大昔からあるあの物語と一緒だなとか、ずいぶん昔に流行ったドラマと同じだなとか、エッセンスを抽出しやすくなると思います。

齋藤　教養を育むために、例えば、シェイクスピアの作品などの古典で謎解きというのをやってほしいですね。古典と組み合わせた謎解きの問題。謎解きをしながら古典に触れることで深みが出るし、子どもの印象にも残ると思うんです。

松丸　僕は中高生の時に演劇部に所属していたので、シェイクスピアの劇を何度も観に行ったんですよ。ストーリーが衝撃的だし、本当におもしろいんですよね。例えば『ロミオとジュリエット』は謎解きとすごく相性がいいと思います。ジュリエットが困るシーンがあって、そこから抜け出すためにどうするかという問題が出てきて、解けたら物語が進む…みたいな。謎を解いていたら、自然と古典を読み進められるようになりますよ。

齋藤　いいですね。僕は古典をもじったギャグをよく言うんですけど、すべることが多いん

ですよ。どうしてだろうと思ったら、どうも元ネタの古典を知らない人が多いせいかもしれないんですね。ぜひ、僕のギャグがすべらないためにも、謎解きと組み合わせて「古典っておもしろいよね」と広めてほしいと思います（笑）。

第5章の

ポイント3か条

・「この世界はおもしろい。だから生きる価値がある」と思えることが、教養や生きる力の源。

・自分が得意なことから始めればいい。自信がつけばチャレンジができる。チャレンジが積めれば経験が増える。

・読書は、自分の世界を広げる方法。読んだ本の1冊1冊が自分の心の中に味方として残る。

松丸くんの

ふりかえり

齋藤孝さん

大きなテーマは「自己肯定感」。齋藤先生とお話しして、あらためて大事なキーワードだと思いました。子育てには正解がなくて、いろいろやらなきゃいけないこともいっぱいあって大変だと思うんですけど、いちばん大切なのはこの「自己肯定感を高める」という1点かもしれません。それがあれば、子どもは自然に成長していくのかな、と思います。

「この世界はおもしろい。だから生きる価値がある」と子どもに感じてもらうことが大切という言葉は、胸に響きました。「世界はおもしろさにあふれている。もっと知りたい」と感じる心が教養を育むのだというお話も説得力がありました。

齋藤先生のお話は、「教育」だけにとどまらず、語彙力や教養力、コミュニケーションの話も含めて、「生きる力」や「人間的に成長する」ということにも広がりますね。子どもだけでなく、大人にとってもすごく参考になったと思います。

大切なのは、ゆらぎのある遊び。
楽しみながら「遊ぶ」「作る」「試行錯誤する」教育を。

第6章 中島さち子さん

中島さち子　なかじま・さちこ

数学研究者、ジャズピアニスト、STEAM教育家

中島さんは、数学者でありジャズピアニストであり教育者という、ユニークな経歴の持ち主です。

高校２年生で、日本人女性として初めて国際数学オリンピック金メダルを獲得。その後、東京大学理学部で数学を学ぶ一方でジャズに出合い、音楽の道へ。10年間の音楽活動を経たのち、数学の研究を再開しました。

2017年には株式会社steAmを創立。これからの時代には、Science（科学）、Technology（技術）、Engineering（工学）、Mathematics（数学）に、Arts（リベラル・アーツ）を加えた「STEAM教育」が必要と考え、全国の学校で、普及や指導に携わっています。

また、2025年の大阪・関西万博では、テーマ事業「いのちを高める」パビリオンのプロデューサーにも就任。遊び・学び・芸術・スポーツを通じた、いのちが高まる共創の場の創出を目指しています。

1979年大阪府生まれ。東京大学理学部数学科卒業。NY大学芸術学部ITP修士。数学者のかたわら、ジャズピアニストとして、バンド「渋さ知らズ」やソロで活動し、CDも発売。株式会社steAm代表取締役。STEAM 教育の普及に努めている。2025年の大阪・関西万博テーマ事業プロデューサー。著書に『人生を変える「数学」そして「音楽」』（講談社）、『知識ゼロからのSTEAM教育』（幻冬社）、共著絵本に『タイショウ星人のふしぎな絵』（文研出版）など。

子どもがやりたいことに付き合ってくれた親に感謝

松丸　中島さんは子どもの頃はどんなお子さんだったんですか？

中島　母によると、私はとにかくずっと同じことをしているのが好きな子だったそうです。砂場で何時間も同じものを作っていたり、何時間もひたすら川を眺めているような。大人からするとかなり心配になっちゃうと思うんですが、母はいつも私を急かすことなく付き合ってくれて、それは今、すごく感謝しています。私が親だったら待てないなって（笑）。

松丸　僕も、両親からやりたいことを否定されたことはありません。「子どもを応援する立場でいよう」という心情だったそうで、小学生の時、パズルが好きでいつもパズルをしていたら、数独などいろいろな夕

イプのパズルを買い与えてくれました。それが嬉しくて、夢中になってパズルを解いていたことが、今の謎解きに通じています。親の立場からすると、「教育にいい」と聞いたものを子どもに押し付けたくなると思うんです。でも、後々何に繋がるかを考えず、子どもがやりたいことをそのまま信じてあげることが大事ですよね。

中島　**誰かから言われてやらされることって、おもしろくない**ですよね。それは、子どもも大人も同じでしょう。**自分が発見したものとか、自分が好きだと思っているものじゃないと、やる気の火がつかない**。火さえついてしまえば、まわりまわっていろいろなものになる可能性がある。

松丸　子どもって、自分が好きなことに没頭している時間がいちばん伸びると思うんです。

逆に、誰かに強制されたことってやる気が出ないから、効率悪いですよね。

テストや受験のために勉強するのはもったいない！

中島　私は、学校のテストで順位をつけられたり、〇×の数を競ったりするのも好きじゃなかったんです。小学生の頃から塾にも通っていたんですけど、そこは毎週毎週テストがあって、テスト結果でクラスを分けるんです。それがイヤで（笑）、ほぼ行かなくなって、テストだけ受けていました。私の席がずっと空いてるので、あの席は誰？って話題になっていたみたいです。

松丸　塾も欠席!?　ご両親はそれも許してくれたんですか？

中島　はい。母はことあるごとに「**テストや受験のために勉強するのはもったいない。学びって答えがあるわけじゃなくて、だからこそ深いしおもしろいんだよ**」と言葉で伝えたり、態度で示してくれていました。その影響で、学校や塾のテストに対しても「学びってそんな単純なものじゃない！」という感覚がありましたね。

松丸　素敵なお母さんですね。

中島　テストの点数とか順位は、それで気持ちが上がったり、自信になることもあるから否定するつもりはないんです。ただ、そればかり気にして一喜一憂して疲れちゃうのはもったいない。学校や塾の勉強にあまりなじめなかった私にとって、母の言葉は本当に支えになりました。

松丸　最近は学校や進学塾以外の学びの場も増えていますよね。

中島　はい。自分が何をどう学んで、その学びから得たものは何か、テスト以外にも表現できる時代だと思います。プログラミングで何かを作ってもいいし、自分なりに考えた社会課題を解決するようなプロジェクトを立ち上げてもいい。そうやって何か作ったとか、これを考えたとか、こんなことを試行錯誤しましたとか、そういうチャレンジがもっと見える化されて、評価されるといいなと思います。そのうえで、社会がいろいろな形で大丈夫だよ、間違ってないよと評価してあげたら、親御さんも楽になりますよね。

子どもが評価される場面が、勉強以外にもたくさんあればいい

松丸　これまでの教育って「画一性」がキーワードだと思うんですよ。先生が一方的に教えました↓できて当然です↓テスト受けてください↓なんで間違えてるんですか？　という繰り返し。評価の基準が、教えられたことをただこなせるかどうかなんですね。それじゃあやる気も起きないし、嫌になって当然です。

中島　受験勉強もそういう傾向があると思うんですが、マニュアル的にできることは、もうある程度ＡＩに任せてもいいと思うんです。それよりも、ストレートには見通せない世界で、マニュアルにないものをどう生み出すのかという創造性の部分がこれからの時代は大切。**マニュアルから外れた学びにこそ、喜びや楽しさがある**と思います。

松丸　マニュアルから外れた学びは、僕らが謎解きで問題を作る時も意識していることです。この問題はこう解きます、さあ類題を説いてくださいという出題は絶対にしません。解けなくてもいいんです。だって、全員が解けるように作っていないから。解けなかった時に答えを聞いてなるほどなって思うことが大事で、それを繰り返しているうちに、誰にも教わってないのに解けるようになる。その瞬間、俺って天才かも！　という自己肯定感が生まれるんですよね。

中島　テストの点や成績はあくまでひとつの指標で、**学校や塾のテスト以外でも評価される場面がもっとたくさんあればいいな**と思っています。ありとあらゆるテーマでたくさんのコンテストが行われたりすると、誰でもなにかしら好きなものはあるだろうから、これはちょっと自分の出番かも、ということがあると思うんです。**多軸評価で、子どもたちが山ほど認められる場面を作っていくといいい**んじゃないかな。

自分で「作る」ことが好きだった子ども時代

松丸　中島さんは、数学とピアノの2軸で活躍なさってますよね。

中島　私にとっては、数学も音楽も「作る」ことが楽しいんですよね。ピアノを習い始めたのは4歳頃からですが、先生に言われたことをまじめにちゃんと練習するというより、自分で曲を作って弾いたり、即興で遊ぶのが好きでした。

松丸　4歳から創作が好きだったんですか？

中島　そうですね。小学1年生から、ヤマハの作曲専門コースに通うようになって。1年生の発表会の時に『子犬のワルツ』という自作の曲を弾いたのを憶えています。すっごく楽しかった！

松丸　僕も、小さい頃から「作ること」が好きなんです。周りからはぜんぜん共感されないんですけど、算数の問題を作るのが楽しくて。

中島　わかります！

松丸　5、6歳の頃から、計算問題を作って3人の兄に出していました。末っ子なので、なんとかして兄たちに勝ちたかったんです。でも、電卓を使ったら解けるような単純な問題だと、相手にしてもらえない。それで、ひらめきが必要な算数の問題を作るようになりました。自分でも驚くような解法を見つけて、兄がそれに気づかず問題を解けない時は、ほんとに嬉しかった！

中島　私も、数学の問題を作るのが好きでした。中学生の時、あるセミナー（国際数学オリンピックを目指すような中高生が集まる特別講座）に時々通っていて、そこで出会った神戸の同い年の方と、文通を始めたんです。文通といってもロマンチックな内容ではなくて（笑）、お互いに数学の問題を作って出し合っていました。

松丸 文通でそれっていいですね！

好きなものが同じ「仲間」がいることの嬉しさ

中島 私は数学を学ぶうえでも、音楽を続けるうえでも、仲間の存在は大きかったですね。高校2年生と3年生の時に数学オリンピックに出て、2年の時に金メダル、3年の時に銀メダルを獲得しましたが、その喜びよりも「数学オリンピックがあってくれて私は救われた」という感覚です。

松丸 え!? 救われたって、どういうことですか？

中島 高校は楽しかったけど、数学に関しては、簡単には解けないユニークな問題や見えない世界について、深掘りして夢中になって考え続けるのが好き、というような仲間にはあまり出会えなかったんですね。

松丸　なかなかいなそう（笑）。

中島　それでも当時、数学を通して知り合ったピーター・フランクルさんや秋山仁さん（ともに数学者）といった方たちのおかげで、数学好きが集まる場が作られていて。そこに集まってくる人たちは学校にはあまりいないタイプの人たちでした。**同じような感覚で数学を楽しむことができる仲間に出会えた**ことは、自分にとってすごく大きなことです。ひとりきりだと孤独だったり、迷っちゃったりするので、喜びを分かち合えるのは嬉しい。

松丸　**感覚が近しい人、趣味を理解してくれる人が多い環境**って大事だと僕も思います。例えば、たまたま会った人に「僕は数学の問題を作るのが好きなんです」と言っても、ほとんど理解されないでしょう。でも、東大のキャンパスで同じように声をかけたとしたら、かなりの人が「わかる、問題を作るっておもしろいよね」と共感してくれるんですよ。そこではじめて、すんなりと自然な状態で話ができる。それはすごく有意義なコミュニケーションですよね。

中島　「同じ感覚で話ができる仲間」はすごく大切ですよね。半面、その視点だと、最近はジェンダーの問題も感じています。理数系って本当に女性が少ないんですよ。男性ばかりの環境で同質の男の子ばかり集まると、強い文化ができてしまって、女の子は引いてしまいがちです。最近は、ユルい感じで日常会話をしながら研究の話も一緒にできるような場があるといいねということで、女性の研究者同士みんなでワイワイ繫がり始めていますが、やっぱり圧倒的に女性の数が少ないのは寂しいですね。

松丸　僕が在籍している東大の工学部も女性は少ないですね。

中島　日本では数学の分野では女性が増えているとは決して言えませんし、それに対して大きな課題意識をもった対策がとられているわけでもないように思います。でもやっぱり男性50人のなかに女性ひとりだと目立っちゃうし、授業や会合にも行きづらくなりますよね。学校や塾はひとつのコミュニティだけど、もっともっと多様な場が作れたらいいし、場の在り方が多様になることで救われる人たちがいるといいなと思います。

関係ないと思っていたことが、後から生きてくる

松丸　数学にはまっていた中島さんは、大学に入ってジャズにはまったんですよね。

中島　大学に入ってまわりに男の子が多くなって、数学自体はおもしろいけどちょっと違和感があったというのはありますね。ただ、それよりもジャズの「その場で作る」という楽しさにはまったんです。ジャズは何人かで会話をすることと似ているんです。違うのは、話をする時はひとりずつ順番にしゃべりますけど、ジャズの場合は音を重ね合わせる。瞬時に判断するのですが、そこに正解はありません。私はもともと小説や哲学といった**答えがあるのかないのかわからないようなもの**が好きだったので、ジャズがすごく合いました。数学はほんとにおもしろい世界だけど、その輪から少し離れることで見えたこともありますね。松丸さんもそういう経験ありますか？

松丸　僕は飽き性で、いろいろなことに触れて、ある程度理解したら別のことに進みたくなるタイプなんです。でもその経験を通じて役に立ったことはいっぱいありますね。例えばテレビに出る時って、台本を読むだけで大変だし、アドリブでコメントを返すのも難しいけど、僕はそれなりにできていると思います。なぜかと考えたら、高校の時、演劇部だったからだと気づきました。

中島　確かに共通点がありそうですね。**その時はわからなくても、寄り道だと思っていた経験が後から生きる**ということはありますね。

「型」にはまることが、新しい世界を開くこともある

中島　大学生の時、アーマッド・ジャマルというジャズピアニストの楽曲を、完コピしたんです。私は性格的に自由にやることが好きで、余白が大事と言われても音を入れちゃうタイプなんですが、アーマッド・ジャマルの曲はクラシックに近くて、空間を作るような感じで音楽を作るので、余白が多い。普段は完コピなんて絶対しないんですけど、きっちりその余白を守って弾かないようにしてみたんです。そうしたら、全体の音が立体的に聞こえるようになったんですね。

松丸　へえ！

中島　もちろん普段も聞こえているつもりだったんだけど、間を埋めるように弾いていると、聞こえていないところもたくさんある。そのことにその時初めて気づきました。アーマッ

ド・ジャマルの譜面を忠実に守り、**あえて「型」にはまる**ことで余白や間の大切さを知って、世界が開いたように感じたんです。

松丸　「型」って制約ですよね。制約があるから広がるってわかります。自由に作ってくれと言われたら、今までの経験のなかからしか出てきませんよね。制約を受け入れて自分の領域の外に踏み込むことで、新しい経験になる。今後、自由に作ってと言われたら、もともとの自分の経験に加えてその時にチャレンジして得た学びも選択肢になりますから。

中島　それはこれからの学びのヒントにもなりますね。これからの時代はビジネスも研究も、さまざまな専門知が掛け合わさったプロジェクトが当たり前になると思うんです。**専門家じゃなくても、いろいろ知ろうと学び、その知識を使って俯《ふ》瞰《かん》して見ることが**

大切です。

数学の力は生きることにも役に立つ

松丸　算数とか数学って、勉強という枠組みでとらえる人が圧倒的に多いからか、数学が好きと言うと「何の役に立つの？」と言われることもけっこうあって、そのたびに頭を抱えたくなります。最近、直線的に次に繋がることがわかるものが価値があるとされる社会になってきている気がするんですけど、危ない傾向だなと思っていて。

中島　私は、**数学で養われる力って、生きることにも役立つ**と思っています。例えば、数学オリンピックの問題は謎解きやゲームに近くて、直線的に考えると答えが見えない。**新しい視点**とか、**自由な発想力**が問われるんです。ああでもない、こうでもないと試行錯誤しているうちに、ヒントが見えてくる。答えにいたる道がパッとひらめく人もいれば、バリバリ計算した末にたどりつく人もいて、決まったルートがない。そうやってひとつの問題と向き合って悪戦苦闘を繰り返すことで、**集中力**や**思考力**、**発想力**、ひいてはまだない価値や視点を生み出す**自由性**・本質的な**創造性**が養われてくる。

松丸　悪戦苦闘といえば、謎解きの問題を作っている時、アイデアを思いついてから1週間たっても完成しないこともあるんですよ。その1週間はつらいんですけど、遺跡を発掘するような感じで、そこに何かあると信じて考え続けることで、簡単に諦めない力も培われる。そこは数学の問題と同じですよね。

中島　私も、早く正確に解くような問題にはあまり興味がなくて、ひとつの問いを深掘りして、ずーっと考えている時間が楽しかったな。数学者でも、ずーっと考えていて、1年後に「あの時のあれが…」とか言い出す人がいます（笑）。よく練られた数学の問いは、解答者の個性も活きてそれがすごくおもしろいんです。学校のテストにありがちな、問題を解くスピードが速いとか正確さという基準じゃなくて、じっくりと考えたり、アイデアや個性が活きる学びの在り方が、数学でも、それ以外の科目でも広がるといいなと思っています。

必要なのは、「ゆらぎのある遊び」

松丸　数学オリンピックには直線的じゃない発想力が必要という話を聞いて、以前取材し

た空飛ぶクルマの話を思い出しました。２０２５年の大阪・関西万博に向けて、空飛ぶクルマを実現させようというプロジェクトが動いているんですけど、空に飛ばす時はすべて機械制御だから、標識や信号などの具体的なモノを置く必要がない。道を新しくしようと思ったら、システムひとつ変えるだけでアップデートできる。普通の道路を作るより、空のほうがよっぽど楽じゃんっていう結論になったらしくて。

中島 なるほど、おもしろいですね！

松丸 ここからがポイントなんですけど、もともとこのプロジェクトは、自動車会社で働いていた人の趣味なんです。そこに国が注目して、今は国が支援するプロジェクトになりました。

自動車の進化って、これまでは燃費が上がるとか電気になるとか、手段の進化なんですよね。でも今、大きな革新を起こそうとしているのは、直線的に考えなかった人、少し外れた方向からアプローチした人。これからはそういう人が求められていると感じますが、そういう人を生み出す教育って、どういうものなんでしょう？

中島　私は最近、**ゆらぎのある遊び**が大事だという話をよくしています。

松丸　ゆらぎのある遊びというと？

中島　テーマパークも楽しいけど、遊び方が決まっていて予定調和ですよね。対照的に、森や砂場で遊ぶ時ってなんでもありで、子どもたちはその都度、その場で遊びを発明する。**うまくいくかわからないけど、楽しみながら自分なりにやってみる**ということがすごく大事だと思います。学校の授業でいうと、図画工作にはそういう要素がありますが、本当はほかの教科でもできるし、すべて繋がっていると思うんですよね。

松丸　わかります！　僕も算数の問題を作っていた時、遊び道具を増やす感覚で、自分から次の単元を勉強したりしていました。

中島　今までの日本の教育では「**遊ぶ**」「**作る**」「**試行錯誤する**」という要素が少なかったけど、そこが加わると楽しくなると思うんです。何か作ろうと思ったら、そのために自分から数学や物理、化学に触れたりして、より学びが深まるし。これからの時代に必要とされるＳＴＥＡＭ教育の分野でもそういうプログラムを拡げたいですね。私がテーマ事業プロデューサーを務める大阪・関西万博でも、「未来の遊び・学び・芸術・スポーツ」をテーマにいろんな催しや場を作っていく予定なので、空飛ぶクルマと合わせて、楽しみにしていてください！

夢中になることを深掘りすれば、どこかできっと算数・数学に繋がる

松丸　数学好きとしては、算数や数学が苦手だという人はもったいないと感じてしまいます。もしお子さんが算数が苦手だと思っているなら、まず**どうして苦手なのか**を分析してほしいですね。「苦手」の原因が「嫌い」だったりすることはよくあって、嫌いなものを得意にさせるのは難しい。だから、嫌いの原因を取り除いてあげることが大事だと思います。

僕は子どもの頃、水泳の先生が怖くてスイミングに通うのがイヤだったんですが、親が「じゃあ先生を代えようか」と違う先生に代えてくれました。そしたら水泳が楽しくなった。嫌いの原因が人間関係の場合もあるので、よく話を聞いてあげてほしいです。

中島　そういうこともありますよね。

松丸　それから、勉強ではないものがきっかけになることもあります。僕が算数を好きになったのは、カードゲームがきっかけです。例えばポケモンカードゲームは計算が必要なんですが、子どもは勝ちたいから計算が速くなる。以前、小学生のチャンピオンと対戦したら、僕より計算が速くて驚きました。同じように、**好きなことを突き詰めていくうちに、どこかで算数、数学に通じる**ことがあると思います。

中島　学校のテストはあくまでひとつの評価にすぎません。松丸さんが言うように、パズルやポケモンなどお子さんが夢中になれるものを見つけて、それをどんどん深掘りしていけば、最後にきっとどこかで数学に繋がります。

理数教育研究所が開催している「算数・数学の自由

研究」というコンクールがあるんです。そこで入賞している作品は歴史やスポーツ、文学、美術や音楽などに絡む数学研究がたくさんあり、とってもおもしろいんですね。例えば、2014年に入賞した「メロスの全力を検証」という作品があります。太宰治の小説『走れメロス』の記述を頼りにメロスの平均移動速度を算出してみたら、実は「メロスはまったく全力で走っていない」とわかったというもので（笑）。中学2年生の子の作品なんですが、当時はとても話題になりました。

松丸　それはおもしろい視点ですね。

中島　こんなふうに自分の好きなことや、興味関心からプロジェクトを企画して進めていくなかで、数学的な思考を学び、算数や数学も楽しくなるでしょう。その子なりの数学の世界、視点は絶対にあるので、ゆっくり自分なりに数学と出合えばいいと思います。

（撮影協力／フォルテ・オクターヴハウス）

第6章の

ポイント3か条

・得意なことで認められれば自信になる。学校の成績以外にも、いろいろな軸で子どもを評価しよう。

・決まりがない「ゆらぎのある遊び」が大事。森や砂場で「なんでもあり」のなかから自分で遊びを考える体験を。

・夢中になれる何かを見つけて、それをどんどん深掘りしたら、いつか数学や学問に繋がる。

松丸くんの

ふりかえり

中島さち子さん

中島さんは、「子どもの頃から好きなことに夢中になって、気づいたら仕事に繋がっていた」ということを体現している方ですよね。数学と音楽を愛していて、別々のものが後々繋がってくる喜びのようなものが伝わってきました。

「多軸評価で、子どもたちが認められる場面を山ほど作っていくといい」という中島さんの提案には、心から賛成します。学校の成績というのは残酷で、40人いたら1位から40位まできれいに決まってしまう。だけど、たとえば何百種類もコンテストがあれば、どの子もなにかしら1位になれるんじゃないか。そういう、自分すごいよね、っていうことを見つけられる教育がすごく大事だと思うんです。自分に子どもができたら、何が得意なのかを見極めて、学校の成績の尺度だけじゃなくて、これができるってすごいことだよと言えるようにしたいですね。

第7章 工藤勇一さん

自己肯定感は
自己決定の経験から育まれる。
失敗しても大丈夫と思える
環境が大切。

工藤勇一　くどう・ゆういち

横浜創英中学・高等学校校長

工藤先生は、「学校の当たり前を変える」改革を実行している校長先生です。

2014年から校長を務めた東京都の千代田区立麹町中学校で多くの改革を断行し、全国から注目を集めました。改革の大きなものは「宿題廃止」「定期テスト廃止」「固定担任制廃止」。宿題については、生徒によって理解度が違うのに一律で同じ課題をやらせるのは非効率的だからと、自主学習に。定期テストは、一時期だけの学力を切り取って評価することには意味がないからと、再試験可能の単元テストに。固定担任制をなくす代わりに、学年の教員全体で生徒を見ることに。そのほかさまざまな試みにより、生徒の自主性が上がり、学力も向上しました。現在は、横浜創英中学・高等学校校長として、ひき続き学校改革に取り組んでいます。

1960年山形県生まれ。東京理科大学理学部応用数学科卒。山形県と東京都で公立中学校教員、東京都教育委員会などを経て、2014年から2020年3月まで千代田区立麹町中学校校長を務め、その教育改革が大きな注目を集める。2020年4月より横浜創英中学・高等学校校長。著書に『学校の「当たり前」をやめた。 ――生徒も教師も変わる！ 公立名門中学校長の改革――』（時事通信社）、共著に『子どもたちに民主主義を教えよう――対立から合意を導く力を育む（あさま社）など。

今の学校は、「何のために」を忘れている

松丸　工藤先生の本を拝読しました。僕が学生時代にすごくストレスに感じていたことや、なんでこうなんだろうと疑問に思っていたことが、すべて論理的に改善されていて、驚きました。

工藤　ありがとうございます。

松丸　そのなかでも「そうそう！」と強く共感したのは、**「定期試験の廃止」**です。定期試験について「瞬間最大風速を測るものにしかなっていない」と書いていらっしゃるのを見て、まさに！　と納得しました。僕は中学・高校時代、定期試験が嫌いだったんですよ。その時だけの一発勝負で点数が決まって順位をつけられるのは、理不尽だなと思っていました。

工藤　そうですよね。**学校でテストをする目的は何か**と

考えれば、わかることとです。テストは、学んだことが生徒に定着しているかを測る指標です。瞬間最大風速を測っても、意味がない。むしろ一夜漬けの悪しき習慣を生んでいるかもしれません。麴町中学では、**定期試験を廃止して、単元テストを導入**しました。単元ごとに、間違えたところ・理解が足りないところを生徒に自覚してもらい、そこを学び直してもらうために、単元テストは再挑戦もできるようにしたんです。

松丸　その時にできなくても、間違えたところを復習して、次にできるようにすることが圧倒的に大事ですよね。定期試験のような一発勝負のテストで、その点が前回より上がったか下がったかなんて、どうでもいい。単元も違うし、コンディションも違うんですから。

工藤　まさに「何のために」を忘れて、なんとなくこれがいいと思っていることをやっているだけなんですよ。今の学校には、**目的と手段をはき違えている**ことがたくさんあります。

松丸　僕が小学生の時、「シャーペンを使うと字が汚くなるから使っちゃダメ」というルールがありました。僕はそれが納得いかなくて、校長室に行って、鉛筆とシャーペンで書いた字を見せて、どっちのほうがきれいですかと聞きました。そしたら校長先生は、シャーペンのほうを指して、こっちだと言う。それで、「僕はシャーペンで書いたほうがきれいに書けるんですけど、鉛筆じゃないときれいに書けないって誰が言っているんですか？」と直談判したんです。ただ「ルールだから守れ」と言われたら議論にならないし、納得もできないですよね。

工藤　私が教師に就いたばかりの頃も、学校で同じことを言っていたんですよ。私自身もシャーペン派だったから、鉛筆じゃなきゃダメって言う先生の気持ちがまったくわからなかった。意味不明なルールを押し付けられている子どもたちを見て、**学校って理不尽なところだな**と思っていました。

伝えたいことを相手に理解してもらうための教育を

工藤　授業でも、こんなシーンがよく見られます。例えば、授業で生徒にプレゼンをさせるとします。その時に、日本の学校は、なんとなく一般的に優れたプレゼンを見せてそれを習わせようとする。それに似たプレゼンをした生徒を先生は褒めるわけですが、そのプレゼンを見た人が感動するかというと、感動しないんですよ。なんでかといったら、プレゼンって本来、聞く人が誰かによってやり方を変えるべきじゃないですか。

松丸　確かにそうですね。

工藤　プレゼンの場合、目的は「**自分が伝えたいことを相手に理解してもらうこと**」ですよね。そのためには誰が対象で、その対象に理解してもらうためにどう工夫をするのかを考えなきゃいけない。相手によってはもっと簡単な言葉を使おうとか、言葉の選び方も変わるし、どんなビジュアルを使うかも変わるでしょう。その目的がどこかに行ってしまって、なんとなく一般的に優れているとされるプレゼンを真似て、それが先生に評価されてしまうのが今の教育です。

松丸　プレゼンの話は、謎解きにも通じますね。僕らがイベントを開催する時には、どういう問題を作るか、どういうオチにするか、どういうストーリーにするか、どういう伏線を張るかを考えますが、すべては、その時その場に来ているお客さんに楽しんでもらうための仕掛けです。

工藤　プレゼンと松丸さんの謎解きはすごく似ていると思います。私がプレゼンをする時は、自分の話に興味がなさそうな人、好意的に聞かない人をイメージして、その人に楽しんでもらうためにはどうするかを考えるんですよ。**どうやったらその人の心が動くだろうかという発想で言葉を選ぶし、話の順番も決めていきます。**本当はそういう教育をしなきゃいけないんです。それをしないで、伝わらないのは相手に理解力がないからだ、とか言ってしまう人を育ててしまっている。

手段が目的化していることに気づいて、原点に立ち返る

工藤　同じように手段が目的になってしまっている例が、学校にはあふれています。日本はいまだにテストや大学受験で電卓を使えません。でも、海外では許可されています。な

ぜかというと、数学は論理的に物事を考える習慣をつけるための学習で、計算技能を高めるのが目的ではないからです。先ほどのシャーペンと鉛筆の話もそうですが、手段が目的化することでおかしな縛りが生まれている日本で、挫折感を味わっている子どもはたくさんいると思います。

松丸　電卓NGで、ひたすら手計算で解く。冷静に考えると、そのテストで何を試されているのかと疑問がわきますし、本来の目的とずれている気がしますよね。

工藤　**目的を達成するための手段であったはずなのに、いつの間にか、それをやることが目的になってしまう。人間にはそういうことがよく起こるんだ**ということを知っておくことが大事です。そこに常に疑問を感じて、いつでも原点に立ち返る。その習慣をつけておくことが、自分の生き方を変えるし、組織や社会が抱えている課題を解決することにも繋がると思います。

松丸　それは、本当に大切なことですね。

工藤　私は数学の教師で、若い頃は授業をプレゼンのようにとらえていたから、勉強ができる生徒にも苦手な生徒にも楽しんでもらう授業をするにはどうしたらいいかと考えていました。でも、そのうちに、目的からずれていると感じました。私が考える学校の目的は「**ひとりひとりの可能性を引き上げて、自律した子どもを育てること**」です。全員の数学の点数を上げることではなく、**子どもたちが夢中になれることに出会うきっかけを作ったり、子どもたちが自律すること**のほうがずっと大事だと気づきました。

松丸　数学ができなくてもいいから、自分の好きなことを見つけてほしいという数学の先生って、すごく珍しいと思います。工藤先生みたいな先生に教わってみたかったですね。

工藤　そもそもこれ何のためだっけ？　と疑問に思う人間がそこらじゅうに増えないと、特にこれからの時代、日本は太刀打ちできなくなるかもしれません。松丸さんのような考え方をできる子どもを増やさないといけないと思います。

体育祭の、そもそもの目標を考える

松丸 工藤先生の本に書かれていた体育祭の話が印象的でした。麴町中学では、全員を楽しませることを目標に、「どんな生徒も楽しめる体育祭」を目指して、子どもたちがプログラムを決め、運営も担うんですよね。

工藤 はい、そうです。学校で教師がこうしようと決めると、子どもたちは与えられた目標を実現しようとします。例えば「優勝を目指す」と言われたら、「そのために団結しよう！」と言われたりしますよね。

松丸 ありがちですね。

工藤 それで、教員も子どもたちが一生懸命がんばった姿を褒め称える。でも、「そもそも体育祭って何のためにやってるの？」ということなんです。それを考えず、なんとなく思いついた成功を目指して、疑いもせずやるわけですよね。そのしわ寄せが、運動が苦手な子やクラスで孤立しているような子どもたちにいくわけです。

松丸 わかります。僕も体育祭が好きじゃなかったんですよ。通っていた学校（麻布中学・高校）

は自由な校風で体育祭も強制参加ではなかったので、体育祭の日は学校を休んで、友達とカラオケに行っていました。でも、麹町中のように、どうやったらみんなが参加して楽しい体育祭にできるかということを生徒主体で考えられていたら、僕も参加したかったと思いました。

「全員がＯＫ」を実現するのは「対話」

工藤　私はそれで、体育祭を含めてそれまで教員が仕切っていた行事を**子どもたちに任せればいいんじゃないの？**と考えました。そうしたら責任が伴うので、子どもたちもどうしたらいいのか真剣に考えますよね。子どもの手に委ねる時に大切なのが、**「全員がＯＫ」な目標になっているか**ということです。誰ひとり置き去りにしない目標にしなければいけない。

松丸　なるほど。誰ひとり置き去りにしない「全員がＯＫ」な目標を決めるのって、大人の世界でもすごく大変そうな気がします。どういう方法があるのでしょうか？

工藤　必要なのは「**対話**」です。対話をすると、**みんなの価値観が違うからぶつかり合いが起こります**。そこには痛みが伴うけれど、その**対話が子どもたちの大切な学びになる**んです。結果的に、麹町中学では「全員がＯＫ」な目標として定まったのが「全員が運動を楽しむ」でした。それを最上位に据えると、子どもたちは自ら目標を実現するための手段を考え始めます。

松丸　おもしろい！「優勝を目指す」のと「運動を楽しむ」のはまったく別物ですよね。「運動を楽しむ」体育祭なら、運動が嫌いな子も苦手な子も興味を持ちそう。工藤先生が「対話」を重視する考えを持ったのは、何かきっかけがあるんですか？

工藤　実は私も高校が自由なところで、文化祭も体育祭も行きたくなかったら行かない、授業の途中で教室を出ても何も言われないという環境で育ちました。その高校時代が今の自分のベースにあると思います。

松丸　そのなかで、「対話」を重視するようになる経験をしたということですね。

工藤　私が高校生の頃は政治的な動きが激しい時代だったこともあって、高校生が集まったら政治や経済の話をしながら、世の中がどうなるのか、どうあるべきか、授業中でも、放課後でも、激論を交わしていました。

松丸　え！ 今の時代からは想像もつきません。

工藤　それが日常だったんですよ。そうやって真面目に議論をしていると、考え方がみんな違うし、いろいろ問題のある発言も出てくる。**考え方の違う相手との議論はイライラするけど、**とことん考え抜いて話し合うのは刺激だったし、**考え方が違うからこそ対話が必要**だと気がついた。今、私が「対話が大切」だというのは、その経験が原点にあります。

考え方の違いと感情の対立は切り分ける

松丸　工藤先生の話を聞いて、思い出したことがあります。僕は東大に入ってから、謎解きのサークルの代表を務めていました。他大学の生徒も加入できるサークルで、イベントを開催する時にはみんなで問題を作ります。すると、自分がおもしろいと思うアイデアでも他の人にとってはおもしろくない時があって、そういう時はバトルが発生するんです。そのバトルにとことん弱いのが、東大の学生でした。話を聞くと、意見を闘わせるのが怖いと言うんです。

工藤 なるほど。

松丸 それが僕が感じた文化のギャップです。僕が中高で通った麻布は自由な学校だったので、その分、自分が何かをやろうとする時に議論をしたり、批判されたりするのは当たり前でした。その経験で、**コトを批判されてもヒトを批判されているわけではない**ことを学びます。でも、対話や議論に慣れていないと、人間として批判されたと思ってしまったり、間違ったことを言うとダメだと思い込んで、自分の意見を言わなくなる。議論の最低限の基礎を知らないまま大人になってしまうのは大きな問題だと思いました。

工藤 それはまさに、私が教育の世界で指摘していることです。**考え方の違いにぶち当たると人間はイライラする**ものだけど、**考え方の違いと感情の対立は切り分けなきゃいけな**

い。それこそを学校では教えるべきです。この前提がないと、対話が成り立ちません。

松丸　大勢の人に共感されない意見を言ったとして、それで人格攻撃を許してしまうと、発言にひとつのミスも許されない社会になってしまいますよね。最近、特にそれがひどくなっている気がしています。対話は学校でも、社会においてもとても重要ですが、議論されているのは「何が」であって「誰が」じゃない。考え方と感情の対立は切り離す。これは、いつか自分に子どもができたら、しっかり教えなきゃいけないことだと思いました。

工藤　学校で対話を導入するには、教員の意識改革が必要です。私は学校で講演をする時に先生たちに「多数決を使っていますか？」とよく聞きます。日本の小学校ではいまだによく使われているんですけど、**多数決は少数の意見は無視するということと同じ**で、「マイノリティを切り捨てろ」と教えているわけです。本質的な対話を避けてこういう教育をしているから、今のような世の中になってしまった。**対話は、痛みを伴うもの**です。それでも**全員で合意して目標を決めたら、そこに向かって協力し合う**。そういう教育を広めたいですね。こういう考え方はいまだに日本の教育界で主流ではないんですが。

松丸　早く、工藤先生がやってきたことが当たり前になる時代になってほしいと思います。

自己肯定感は自己決定の経験から育まれる。失敗しても大丈夫と思える環境が大切。

親は「こうあるべき」にしばられず、リラックスを

松丸　日本の子どもは世界的に見て自己肯定感が低いといわれますよね。**自己肯定感の高い子を育てる**うえで、親はどういうことに気をつければいいと思いますか？

工藤　親御さんには「あまりこうあるべきだと思いつめないでください」と伝えたいですね。私が40年近く教育に携わってきていちばん感じるのが**「親はこうあるべきだ」とは言えない**ということです。今の親はつらいですよ。親がこうあるべきだというハウツー本が多すぎでしょう。あなたはそれができていない、足りていないと、否定されることが先だから、自分を責めて落ち込んじゃいますよね。でも、親がそんなふうに考えることで、いちばん大事なものを失ってしまうかもしれない。

松丸　それはなんですか？

工藤　東京大学の先端科学技術研究センターに熊谷晋一郎さんというお医者さんがいます。熊谷さんは、創造性豊かな組織を作るには、みんなが信頼し合い、**失敗が許される心理的安全性**が保たれた環境が最も大切だと言っています。たしか、グーグルも同じような研究をしていますね。これは家庭でも同じだと思います。親が自分を責めて落ち込んでいるような環境で、心理的安全性が保たれた子どもは育たないですよね。

松丸　うーん、僕の母がそういうタイプだったかもしれません。例えば僕の成績が悪いとか、何かトラブルを起こした時に、僕を叱るのではなくて、子どもをこんなふうにさせてしまったと自分の教育を悔やんでいました。僕の場合は、その母の姿を見て「もっとちゃんとしなきゃな」と思えたので良かったんですが、一般的には、やっぱり親がストレスフリーでリラックスしているほうが、子どもも伸び伸びと育つというのはすごくわかりますし、そのほうがハッピーな家庭環境だなと思います。

工藤　理想を掲げたらきりがないですからね。

松丸　教育に熱心になればなるほど、こうしなきゃいけないっていう義務が増えて、それに

ストレスや負い目を感じて親が苦しくなってしまうというのは、何か悲しいスパイラルだなと思います。

自分で自分を褒《ほ》めることが自己肯定感を高める

工藤　私は、他人から褒められるのを求めるのではなくて、**自分を自分で褒める**体験を持っている人間が成長すると思うんですよ。松丸さんも、きっとたくさんそういう経験があったんじゃないですか？

松丸　そうですね（笑）。僕が謎解きを作るきっかけになったのは、小学3年生ぐらいの時に観た『ＩＱサプリ』というテレビ番組です。普通のクイズ番組だと、3人の兄に絶対勝てないんですよ。だけど、この番組は知識ではなくてひらめきや地頭を問うクイズなので、僕が家族のなかでいちばん先に正解することがあったんですね。その時に初めて「もしかしたら僕は頭がいいのかもしれない」と思いました。

工藤　それが初めて？

松丸　はい。それまではゲームも勝てない、勉強も勝てない、口論しても勝てないから、僕の自己肯定感は限りなく低かったと思います。でも『ＩＱサプリ』でいつも負けていた兄たちに勝つことができた。これが初めての自信になって、謎解きの道に進みました。今でも、謎解きでめちゃくちゃいい問題が作れた時、「**俺、天才かも！**」と思います（笑）。

工藤　わかる（笑）。私もどちらかといったら同じタイプで、毎朝シャワーを浴びている時にいろいろなひらめきがあるんです。例えば横浜創英でやりたい教育のアイデアが生まれたり、抱えていたトラブルの解決方法が浮かんできたり。そのたびに、「**俺ってすごい**」と思って、妻に「今日もいいアイデアが湧いたよ」って言うんですけど（笑）。そういうのってすごく大事だと思うんですよね。

松丸　わかります。謎解きの問題は学校の勉強の枠から外れているので、学校の成績が良くない子でも、自分で正解にたどりつける。それが、自分には何か別の才能があるかもしれないと思うきっかけになるんです。以前、小学生の子どもを持つ親御さんから「うちの子が急に東大に行きたいと言い始めました。勉強はぜんぜんできないんです、どうすればいいですか?」と相談を受けました。話を聞くと、その子は勉強が苦手なんだけど、謎解きの問題を解くのがめちゃくちゃ速くて、東大に興味を持ったと。**謎解きでその子の自己肯定感が高まったん**ですね。こういうきっかけにしてほしくて謎解きを作っています。

子どもの自己決定を促す、魔法のような「3つの言葉」

工藤 自分で自分のことを褒めるような自己肯定感って、言い換えると自分で考えて決定したことに対する自己評価ですよね。だから、大事なのは、**子どもが自己決定の機会を持っていること**なんです。自己決定を妨げられている人は、自己肯定感が低くなってしまうし、自信を失って自己決定できなくなってしまう。子どもたちにも自己決定の機会をたくさん作ってほしいですね。

松丸 そのために、どうしたらいいんでしょう?

工藤 これは麹町中学の校長をしている時に考えたことですが、子どもに何かトラブルが起こった時に使う「**3つの言葉がけ**」があります。

①「どうしたの？（何か困ったことある？）」

②「君はどうしたいの？（この後どうしたいの？）」

③「何を支援してほしいの？（僕にできることはあるかい？）」

という3つです。この3つはすべて疑問形なので、子どもが自分で考えて自己決定せざるを得ないんです。

松丸　確かにそうですね！

「失敗しても大丈夫」と思える環境が大切

工藤　「自己決定していいよ」という環境を作ると、子どもは安心して、チャレンジしようとします。これは学校だけでなく、子育てでも大事なことですね。親が過剰に口や手を出すのではなく、常に子どもに**自己決定の機会**を与えていると、**自己肯定感**が強まり、自ずと**自信**と**主体性**がついてきます。そのために大切なのは、**失敗しても大丈夫だと思え**

自己肯定感は自己決定の経験から育まれる。失敗しても大丈夫と思える環境が大切。

る安心安全な環境を作ってあげることです。

松丸　僕も自己肯定感がすべての源だと思っています。逆に自己肯定感がないと、どんな取り組みをしても、上には上がいるし、勝てないからやってもしょうがないっていうネガティブな思考になったり、一歩が踏み出せない子どもになっちゃうと思うんです。そういう意味では、自己肯定感は最も大切なキーワードのひとつですね。

工藤　人が何かに挑戦したり、自律して生きていくためには、**失敗が許される社会**が求められます。心理的な安全性が保たれたところでしか、建設的な対話も改革も生まれません。そこのベースに立った教育を広めていきたいと思います。

第7章の

ポイント3か条

・目的と手段を履き違えない。「そもそもこれ何のため?」と疑問に思い、原点に立ち返る習慣を。

・大切なのは「対話」。意見の違いでぶつかることも学びになる。考え方の違いと感情の対立は切り分ける。

・「自分で決める」体験が自己肯定感を生む。失敗させないのではなく、失敗しても大丈夫と思える環境を。

松丸くんの

ふりかえり

工藤勇一さん

工藤先生は、すごくロジカルで、お話ししていて気持ちがよかったです。学校は矛盾していることが多すぎる、それは生徒がいちばん感じているストレスです。ただ、非効率的だと思っても、誰もがそういうものだと慣れてしまっている。その常識を疑って、論理的な視点からおかしいと思ったことを本気で変えようとしているのが工藤先生なんですよね。学校に対して疑問でいっぱいだった僕にとってもとても嬉しいことです。

子どもの「自己肯定感」を高めるためには、子どもの「自己決定権」が大切だという話には、ハッとさせられました。そのためには、失敗しても大丈夫だと思える、安心安全な環境を作ってあげること。親御さんは、失敗すると自己肯定感が下がるから失敗させないように…と考えがちだけど、逆なんですね。子どもの教育だけでなく、経営者としても今すぐ参考になる視点だと思いました。

第8章 中室牧子さん

親が「子どもの能力は伸びる」と理解するだけで学力が向上。そんなデータもあります。

中室牧子　なかむろ・まきこ

慶應義塾大学 総合政策学部教授、東京財団政策研究所研究主幹

中室先生のご専門は、教育経済学。教育を経済学の手法で科学的に分析する学問です。

「教育」は、とかく個人の経験をもとに語られがちです。しかし、経済や財政を論じる時に、データも用いず個人的意見を言う人がいても誰も耳を傾けないはずです。同じように、本来は教育にもデータを用いた科学的な分析が必要なのです。

中室先生は、多くの実証データを用いて、教育において何をするとどういった結果が出るのか、その因果関係を研究しています。これまでの「思い込み」で語られてきた教育の効果を解き明かした著書『「学力」の経済学』は、30万部突破のベストセラーになりました。教育において何に投資をするとリターンが大きいのか。家庭教育にも活かせるデータが満載です。

1975年奈良県生まれ。慶應義塾大学卒業後、米ニューヨーク市のコロンビア大学で博士号を取得。日本銀行や世界銀行での実務経験を経て2013年から慶應義塾大学総合政策学部准教授に就任、2019年より同学部教授。2021年より独立行政法人東京財団政策研究所研究主幹も務める。著書に『「学力」の経済学』(ディスカヴァー・トゥエンティワン)、共著に『「原因と結果」の経済学——データから真実を見抜く思考法』(ダイヤモンド社)がある。

データから見る、コロナ禍の臨時休校の影響

松丸　僕はこの対談が決まる前から、中室先生の『「学力」の経済学』を拝読していました。

中室　ありがとうございます。

松丸　教育系の本は世の中にたくさんありますけど、個人の体験に基づいたものが多いので、それぞれで矛盾することもあるじゃないですか。何が正しいのか、どの方法がいちばん確率が高いのか、気になっていたんです。その点、この本はデータに紐付けられているので説得力があるなあ、とすごく共感しました。本の刊行から7年経ちますが、研究はどんどん進んでいるんですか？

中室　はい。この本に掲載したのは海外で行われた研究がほとんどだったので、読者の方からも、日本のデー

タを使うとどうなんだろうという質問をよくいただきました。その点でいうと、日本のデータを使った研究ができるようになったというのが、この7年間でのいちばん大きな変化だと思いますね。

松丸 それは気になります！

中室 今私たちの研究室で分析をしている中でいちばんサンプルサイズの大きいデータは、「埼玉県学力・学習状況調査」で、約1100校の公立小・中学校の小4〜中3の30万人の児童生徒を対象にしたものです。例えば、「**コロナ禍で、生徒の学習や生活習慣にどのような変化が生じたのか**」ということも分析しています。

松丸 コロナ禍でここ2〜3年、思うように授業ができない状況も増えていますよね。臨時休校も含めて、どういう影響が出たのか、研究結果が出始めているんですか？

中室 はい。1つの特徴は、臨時休校の直後には、家庭での学習時間は増加していたということです。でも、臨時休校が終わって学校が始まると、家庭での学習時間は元の水準に戻ってしまいました。一方、臨時休校の間に、スマホを使ったりゲームをしたりする時間も増加したのですが、こちらは臨時休校が終了しても元の水準に戻らず、高止まりしてしまったのです。

松丸　そうなんですね（笑）。

良いことを習慣化するためのポイントは「ごほうび」

中室　つまり、**勉強の「習慣」はつきにくいが、スマホは「習慣」になりやすい**ということだと思います。最近、経済学では「習慣形成」に関する研究が進んでいます。スポーツジム、資格試験の勉強、ダイエットや禁煙などのように、「継続」が難しいことはたくさんあります。アメリカの研究で、大学生に対して、「週に1回以上スポーツジムに行くと1週間で約2500円の報酬が支払われる」という実験が行われました。最初はお金目当てにジムに通うのですが、8週間経つと、お金がもらえなくなっても同じようにジムに通い続けるという結果が示されました。これが「**習慣形成**」の効果です。

松丸　それ、**ごほうび**を使ったということですよね。すごくわかります。僕も何かを習慣化する時、絶対自分にごほうびを用意するようにしてるんですよ。

中室　松丸さんが習慣化したことって何ですか？

松丸　最近、毎日5キロ、ランニングマシンで走るようにしているんですよ。でも実は走るのが好きじゃないんです。それで、ランニングマシンにスマホを置いて、走っている間だけ、前からずっと観たいと思っていたアニメを観られるようにしました。

中室　そのごほうびはちょっと意外！（笑）でも、それはうまいやり方だと思います。

松丸　走っている時しか観られないので、「続きが気になる！」って、次の日もついつい走っちゃうんですよね（笑）。それを続けていたら、走ることが苦じゃなくなって、今では走れない日があると気持ちが悪いと感じるぐらいになりました。

中室　**習慣が定着すると、歯磨きと同じで、毎日やらないと気持ち悪くなってくる**んですよね。これまでの研究では、習慣形成に重要なことの1つは「**繰り返し**」であることがわかっています。そしてもう1つ大事なことが「**ごほうび**」です。例えば、5キロ走るとか、苦手科目の試験勉強をするとなると、「なかなか大変そうだし、今日はあまり時間がないから、明日から本格的に取りかかろう」などと言い訳をして、先延ばししてしまいがちですよね。でも、松丸さんにとってのアニメのように、まずはごほうびを用意して、取り掛かる時の心理的なハードルを下げることが良い習慣を定着させるためにとても重要なんです。

ごほうびには、ボーナスよりもピザが効果的!?

松丸　ごほうびって大切ですよね。僕が小学生の時、親から言われた「勉強を3時間やったら、好きなだけゲームをしていい」というのもまさにそれですね。ゲームのために勉強しましたよ。

中室　ごほうびのことを「**インセンティブ**」といって、経済学で最も重視されているもののひとつなんですよね。人の心はお金だけで動かせるものではないので、**その人に有効なインセンティブは何か**を知ることが大切です。アメリカの著名な行動経済学者のダン・アリエリー教授が工場労働者を対象に行った、とてもおもしろい実験があります。

松丸　どういう実験ですか？

中室　労働者らを、４つのグループにランダムに分けます。業績に応じてそれぞれ、

①ボーナスとして少額の現金を受け取ることができるグループ
②上司からの誉め言葉を贈られるグループ
③自宅にピザが配送されるグループ
④そのいずれも行わないグループ

以上の4つです。

①②③のうち、④と比較して最も生産性が高まったのは、どのグループだったと思いますか？

松丸　おもしろい！　ピザって何？（笑）　このなかだと、上司から褒められるかな？

中室　いいえ。**最も生産性が高まったのは、自宅にピザを送られたグループ**でした。いずれも行わないグループと比較すると、①②③のどれも5％近くも生産性が高まったのですが、いちばん向上したのは③のピザだったんです。

松丸　えー！　なんで？

中室　自宅に届くことで**家族から「すごい！」と尊敬を得られた**ことが大きな意味を持ったのではないかということです。

松丸　そっか、「あなたはがんばりました」って会社から直々にピザが届くわけですもんね。それいい！　あ、でも、うちの会社でもやろうと思ったけど、うちの会社はみんな1人暮らしばかりだな（笑）。

何に対してごほうびを用意するのかを間違えない

松丸　先生の本のなかにあった、**小学生の場合は400円の現金よりトロフィーのほうが効果が高かった**というデータもおもしろかったです。ごほうびは年齢や人によって違うと思いますが、効果的なインセンティブを探すコツってあるんですか？

中室　人のやる気を引き出すモチベーションには外的なものと内的なものがあります。例えば、褒められる、ボーナスをもらうという他人からの評価は外的なモチベーションです。でも教育学的には、「**楽しい**」とか「**燃える**」とかいう**自分の中からわき出る内的なモチベーション**が非常に大事だといわれています。内的モチベーションを高めるためには、自分がいちばん好きなもの、自分がいちばん燃えるものが何かということを発見しないといけません。それは大人も子どもも同じだと思います。松丸さんのモチベーションを高めるものはなんですか?

松丸 謎解きへの感想ですね。「この謎がおもしろかった」と言われると嬉しいです。先日、スタジオの収録で男の子からもらった手紙に、「松丸くんの会社に入りたいという夢ができた」と書いてあって、生きててよかったなって思いました。謎解きが誰かの何かに繋がったとか、何かいい影響があったと知ると、すごく嬉しいですね。

中室 自分の仕事やかかわりが社会の役に立っていると感じる時に内的モチベーションが高まるという研究があります。モチベーションを高めるには、まずそこを意識するといいと思います。

子どもの成長を左右する、親の考え方

松丸　ほかにも、『「学力」の経済学』で僕がめちゃくちゃ共感したのは、「**才能のせいにすると、本当にそうなってしまう**」というデータでした。親御さんから「うちの子はぜんぜん勉強ができなくて、成績が伸びないんです。東大に行きたいって言うんですけど、絶対に無理ですよね」と言われたことがあって。

中室　それはつらいですね……。デンマークで約1500人の小学2年生の子どもを持つ親に対して行われた取り組みは参考になります。親に対してパンフレットを配ったのですが、その内容は、「**現時点の能力によらず、子どもの読み書きの能力は鍛えて伸ばすことができるものだ**」というメッセージが繰り返し強調されているものでした。その結果、パンフレットを受け取った親の子どもは、3か月後の読み書きのテストの偏差値が2・57も高くなったのです。

松丸　すごいですね！　僕はその時、「そういうことは絶対に言わないでください」と伝えたんですけど、当時は根拠がなかったんです。もし、次に同じようなことを言う親御さんに会ったら、『「学力」の経済学』と今日聞いた話をしようと思います（笑）。

中室　この実験は、つまり**親の子育ての考え方が子どもにどれほど重要か**ということを表していると思うんですよね。このパンフレットの実験では、親の学歴が低い子どもほど効果が大きいという結果になっていました。子どもたちの読み書きの能力を全体的に底上げすることに成功しただけでなく、教育格差を縮小することにも成功したことになります。

松丸　それはすごいですね！

中室　そのパンフレットでは、「子どもに本の内容を要約させたり、本の内容に関して質問をするなどの工夫を通じて、子どもが自発的に本を読む習慣を身につけられるように仕向ける」ことが書かれていました。また、「子どもの読み書きの正確さやスピードを褒めるのではなく、**本を読むという行為そのものを褒めてあげる**ことの重要性」も強調されました。

松丸　やっぱり読書は重要なんですね。

読書の効果は長続きする

中室　読書については最近山ほど研究が出てきていて、結論から言うと**読書は教育にすごく**

いいと思います。フィリピンで行われた「リーダソン」（マラソンの読書版）の効果を検証した論文では、読み聞かせをした子は、やらない子に比べて学力が高くなるという結果が出ました。ただし、ただ単に図書館や学校の蔵書数が増えただけでは効果は小さく、学齢に応じた本を読んだ子どもに大きかったということがわかっています。

松丸　そうなんですね。

中室　この手の介入はその時、瞬間的に効果が出るのは珍しくなくても、持続するのが難しいといわれています。でもこの実験に関しては、**読み聞かせを終えた後になっても効果が持続する**といわれているんですよ。本を読ませることの効果は幼少期が大きいといわれているので、小さいお子さんに本を読むような習慣をつけることは大事ですよね。

1時間のゲームを禁止しても、学習時間は2分しか増えない

松丸　先生の本のなかで紹介されていたゲームについての話は、読んでいてスカッとしました。世間では「ゲームをやると頭が悪くなる」といわれているけど、1日1時間程度のゲームの影響はまったくやらない場合と変わりないんですよね。

中室　はい。ちなみに、**1時間のゲームをやめさせたとしても、学習時間は男子が1・86分、女子は2・7分しか増加しない**と明らかにされています。最近では、17歳以上を対象とするようなロールプレイングゲームなど複雑なゲームは、**創造性や忍耐力、IQを高める**という研究もありますよ。

松丸　あくまでも僕の周りの話ですけど、実際、僕が知っている東大生はゲームがめちゃくちゃ上手かったり、ゲーム文化についてすごく理解が深い子が多いです。

中室　大学の研究者の中にもゲームが好きな人は多い印象です(笑)。

松丸　成長のきっかけになるようなゲームは子どもがやってもいいと思うんです。課金すれば勝てるようなゲームはおすすめしませんけど、どうすれば相手に勝つことができるか

とか、今のプレイの悪かった部分はどこかって反省して、攻略法を考えるようなゲームは勉強にも応用できると思います。

中室　実際に、**ゲームやアプリを学習に応用する流れも生まれています。**日本の教育現場では、新しいテクノロジーに対して警戒心が強いのですが、タブレットとアプリを使った学習には、ひとりひとりの子どもの理解度や進度に合わせた、個別最適化学習のポテンシャルを感じる例が少なくないですね。

非認知能力を育む場としての学校

松丸　僕は子どもの頃から、そもそもクラスのひとりひとりは得意不得意も理解度も違うのに、みんなで同じ授業を受けるのはなんでだろうと思っていたんです。今後、科目学習についてはタブレットやＡＩなどを使った学習がどんどん進化して個別最適化されていくんでしょうか？

中室　平均値の子どもに合わせた内容を一斉授業で行う現状では、すごくできる子も、課題のある子も取りこぼされてしまいます。その状況は変える必要があると思いますね。とはいえ、学校には科目学習を習得する以外に大切な役割があって、**集団生活を通して自分と異なる人の意見を聞き、交流することで非認知的なスキルを身につけられる**。だから、これまで通り集団生活をしつつも、各々の特性に合わせて能力を高められるようなしくみが求められます。

松丸　いわゆる成績的な頭の良さ＝認知能力と、意欲やコミュニケーション能力といった人間性＝非認知能力ですね。先生の本に書かれていた非認知能力の重要性も、とても印象的でした。**子どもの頃に身につけた非認知能力が大人になってからの収入や仕事にも影響する**という話でしたね。

中室　ハーバード大学のデビッド・デミング教授は、調整、交渉、説得などを行う「**対人関係能力**」は、２０００年代の労働市場において特に重要になってきていることを指摘しています。１９９０年代以前と比較すると、２０００年代のほうが「高い対人関係能力を必要とする仕事」が12ポイント増加したのに対し、「高い認知能力を必要とするが低い対人関係能力でよいという仕事」は3ポイント低下したことを示したんです。

松丸　これからの学校は、人間しか教えられない非認知能力や創造性を育む場として役割が変わってくるのかもしれませんね。

目標は自分で立てて、締切はほかの誰かに設定してもらう

中室　松丸さんが提供している謎解きは、自分の頭だけで楽しめるところが良いですよね。国語と算数だと、算数のほうが自己肯定感が上がりやすいというデータがあるんです。算数って1問解いたらすぐ次に進めますよね。でも国語は答えが曖昧なので、国語では自己肯定感が上がりにくいとされています。その点で、謎解きは、算数に近いと思います。非常にゲーム性が高くて、ひとつの問題が解けると「わかった！」という**達成感**があり、**自己肯定感**が高まって、次に進みたくなる。その**プラスの連鎖が起きやすい**というのは、長い目で見た時に学習を長続きさせる、とても重要な秘訣なんですよね。

松丸　謎解きは特別な知識が必要ないので、学力に関係なく急にひらめいて問題が解けたりするんです。先生の本に「**自己肯定感が高いから学力が高いのではなく、学力が高いから自己肯定感が高い**」という記述がありましたが、謎解きを解けた子が「自分ってすごい

かも！」と自信を持ってくれるなら、それと同じことが起こっているんじゃないかと思っています。

中室 その自信は大切ですね。

松丸 あと、子どもって、ヒントを見ないで、自分の力でやり抜こうとするんですよ。その様子を見て、非認知能力のなかでも大切だとされている「**自制心**」と「**やり抜く力**」も身についているのかもって思うと嬉しいですね。

中室 「やり抜く力」は大切ですね。何かをやり抜くのは難しいことですが、ちょっとしたサポートで効果が出ることもあります。

松丸 例えば、どんなサポートがあるんですか？

中室 何かをやり抜くために有効なのは、まず「**目標を設定する**」ことです。目標を設定することは「自分の将来の行動にあらかじめ制約をかける」ことで、これはお金がかからず誰にでもできることですよね。加えて、「**締切を設定する**」というのも有効かもしれません。

松丸　それは大人にも応用できそうですね！　詳しく教えてください。

中室　締切の設定については、アメリカで約100人の社会人学生を対象に行った実験があります。「3本のレポートに等間隔で締切が与えられているグループ」と、「2本目までは学生が自分で締切を設定できるグループ」です。この結果、等間隔で締切が与えられているグループのほうがレポートの成績が良かったことが明らかになりました。つまり、社会人ですら、自ら最適な締切を設定するのは難しいということになります。

松丸　誰か、締切を設定してくれるサポート役がいるといいんですね。

中室　はい。さらに、締切は、1か月の長期間で設定するのではなく、**1日ごとや1週間ごとなど、細かく設定し、成果を確認するほうが効果が高い**ことも示されています。ただ、興味深いのは、**締切設定は他人がしたほうが良い**のですが、**目標設定は自分でしたほうがうまくいく**という研究もあります。目標設定を他人任せにして、とても達成できないような高い目標を掲げると、かえって目標に到達できなくなってしまうことになります。

目標達成のための方法「コミットメントデバイス」

松丸　今のお話を聞いて、高校時代を思い出しました。僕は大学受験の時、タスク表を玄関に貼っていたんです。例えば、今日は数学の参考書はここまで、英語は単語をいくつ覚えるとかを全部書き出して、わざと親に見えるように。それでクリアしたら、玄関まで行ってチェックを入れる。それを見た親から「今日もがんばってるな」って言われて、よし！　みたいな。

中室　すごくいいやり方だと思います。それは、「**コミットメントデバイス**」といって、**自分が達成したいものを人に知らせる**やり方ですね。「明日からダイエットします」とか「明日から禁煙します」って宣言する人がいるじゃないですか。人に知らせると簡単に引けなくなるんですよね。

松丸　目標設定も、最初は「3か月後までに苦手を潰す」ってやっていたんですけど、ぜんぜん続かなかったんですね。だから毎日設定しようと決めて、勉強を始める前に「今日はこれをやる」と1日の計画を立てるようにしました。その目標も、大中小と3パターンあって。最低限ここまでやればいいという小目標、いつも通りのペースでやったらここまではいけるという中目標、マジで調子良かったらここまでやるという大目標の3段階で設定したんですよ。それでうまくやる気を落とさないようにしていました。

中室　すばらしいですね。今のお話を聞くと、松丸さんの場合、認知能力が高いだけじゃなくて、自分をコントロールする方法を知っているんだと思いますね。

松丸　ゲームで、まず敵を5体倒すとボーナス、みたいなのありますよね。身近な目標が設定されていることでやる気を引き出すってすごいな、と思って。ゲームが好きだからゲームをお手本にしただけなんですけどね（笑）。

中室　教育経済学的には、子どもが成長したら、自分で目標を立てて、自分で管理してやってもらえればいいので、それをできる力を幼少期につけさせてあげることが大切ですね。

松丸　『「学力」の経済学』出版後の7年間で、教育にかかわる興味深い研究やデータがさら

に生まれていることがわかって、今日は本当におもしろかったです。自分に子どもができたら、聞きたいことがいっぱいあります（笑）。

中室　相談してください（笑）。多くの人がご存じのように、**人生の本番は学校を卒業した後にやってきます**。ですから、子どもが受けている教育が、今現在の成績だけでなくもう少し長い目で見た、将来に良い影響を与えるかどうかを知りたい人は多いでしょう。近年の教育経済学は、同じ個人を長期的に追跡する調査や記録を用いた分析をすることで、教育の「長期的な効果」について知ることができるようになってきました。こうした知見を用いて、**子どもたちの能力を高めるために、社会や政策として何ができるのか**ということももっとしっかり考えていかないといけないと思っています。

第8章の

ポイント3か条

・習慣形成には「ごほうび」が必要。有効なごほうびは人によって違うので、それを見極めてうまく使う。

・何かをやり抜くために有効なのは、自分で決める「目標設定」と、誰かに決めてもらう「締切設定」。

・親が「子どもの能力は鍛えて伸ばすことができる」と理解すれば、子どもは実際に伸びる。

松丸くんの

ふりかえり

中室牧子さん

中室先生から示される実験の話やデータがすごく具体的で、本当におもしろかったです。そういったデータが詳細にスラスラ出てくるのが本当にすごいな、と。しかも固定観念を覆す意外な話ばかりだから、人に話したくなりますよね。特に、「1時間のゲームをやめさせたとしても、学習時間は1～2分しか増加しない」という話は、この対談の後、いろいろな人に話しています（笑）。

目標達成や自己実現をするためにどうすればいいのかという具体的なノウハウも盛りだくさんでしたね。そうそう、僕が対談のなかで話したランニングは今も続けていて、この1年で10キロ痩せたんですよ。まさに中室先生がおっしゃっていたインセンティブのおかげです。

学校の勉強や子育てに限らず、大人にも参考になることがいっぱいあると思うので、活用したいですね。

第9章
小宮山利恵子さん

人間は凸凹があっていい。
突き抜けた「好き」「得意」を持つ
魅力的な人になろう。

小宮山利恵子 こみやま・りえこ

スタディサプリ教育AI研究所所長、東京学芸大学大学院准教授

小宮山さんが所長を務めるスタディサプリ教育AI研究所は、教育とテクノロジーの融合、AIを活用したより良い未来の教育の提言を行なっている機関です。

スタディサプリは、株式会社リクルートが提供する、オンライン学習サービス。“世界の果てまで、最高のまなびを届けよう”をコンセプトに、スマホやパソコンさえあれば、一流講師の授業動画をいつでもどこでも視聴できます。小学校高学年から高校3年生まで対象の講義を4万本以上配信。社会人向け教材も提供しています。

個々人の学習データも蓄積され、デジタルだからこそ可能な、ひとりひとりに合わせた学習の個別最適化を実現。新しい教育のかたちとして、個人はもちろん、学校や塾での導入も進んでいます。

1977年東京都生まれ。早稲田大学大学院修了。国会議員秘書を務めた後、ベネッセコーポレーション会長秘書を経て、ゲーム事業のグリーに入社。副業でライターとして教育とテクノロジーについて取材中に「スタディサプリ」を立ち上げた山口文洋氏に出会い、そのビジョンに共感。リクルートに転職し2015年より現職。2019年度より東京学芸大学大学院准教授を兼務。著書に『レア力で生きる「競争のない世界」を楽しむための学びの習慣』(KADOKAWA)がある。

謎解きには、これからの時代に必要な力が詰まっている

小宮山　出張の移動中に松丸さんの『東大松丸式ナゾトキスクール』などの本を拝見しました。これは小学生向けですよね？　でも大人もやるべきだと思います！

松丸　嬉しいです。小学校で習う難しい漢字は一切使わないで作っているんです。だから、小学1年生から解けるけど、実は大人でもけっこう苦戦する方が多いっていう、難易度高めではあるんですよ。

小宮山　この本に「スペック（SPECC）」っていう言葉が出てきますよね。

松丸　はい。**謎解きで鍛えられる5つの力**の頭文字をとった造語です。「**多角的思考力**」「**論理的思考力**」「**試行錯誤力**」「**会話力**」「**発想力**」の5つなんですけど、漢字が並ぶと子どもには難しいじゃないですか。ポケモンの能力の「HP」「こうげき」「ぼうぎょ」みたいにキャッチーに言えるといいなと考えて、「スイッチ（きりかえ）」「プログラム（くみたて）」「エナジー（がんばる）」「コミュニケート（つたえる）」「クリエイト（ひらめき）」といっています。

小宮　それって全部、これからの時代に必要な力ですよね。今、日本で起業する人って5％

くらいしかいないんです。文科省はこれから5か年計画で起業家精神を養う「アントレプレナーシップ教育」を重点的にやっていく計画を立てているといわれていますが、謎解きをやればその力も養われると思いました。

松丸　本当ですか!?

小宮山　日本の教育はこれまで、「知識の深化」に取り組んできたんですよね。ドリルを何回もやって効率よく答えを求めるような。でも、もっと「**探索**」をしたほうがいいんです。**一見ムダに思えるようなことや、失敗が多いようなことをやる**。自分の興味関心に従って探索することで、生涯を通じて学び続ける力が培われると思います。これから「知識の探索」が重要になる時代に必要なものが、謎解きにあるんじゃないかと感じました。

松丸　嬉しい！　やっててよかったー（笑）。

好きなこと、得意なことがはっきりしている「凸凹《でこぼこ》な人」になろう

小宮山　よく教育業界で「認知能力」「非認知能力」という言葉が出ますよね。**従来の勉強で身につく、テストで測れる「認知能力」**と、**協調性、忍耐力、自律心、創造性といった、テストでは測れない「非認知能力」**。謎解きはまさに「非認知能力」を養うものですよね。

松丸　そうですね。いわゆる認知能力や知識じゃなくて、謎解きがなにかしら生きる力に繋がるはずだと思っています。例えば、小さな子が謎解きに挑んで誰の力も借りずに答えがひらめいた瞬間、とてつもない成功体験になっていると思うんですよね。子どもからのお便りに「勉強がぜんぜんできなかったけど謎解きで自信がついて、もうちょっと勉強をがんばってみようと思った」と書かれていた時は、続けてきて良かったと思いました。学校の成績が悪くて否定されていたけど、逆転のきっかけになったというような話で。時代的にもそっちに転換していくんじゃないかと思っています。

小宮山　いい話ですね。これまでの教育では10段階で5以上とか5段階で3以上の成績を平均的に取ることを目指してきたんですよ。だけど私は、もうそういう学力は必要ないと思っています。もちろん、基礎的な学力は必要ですけど、**もっと凸凹があってもいい**と思うんです。

松丸　僕もデコボコです（笑）。僕は古文漢文とか歴史の年号とか、暗記しないと解けない問題がすごく苦手だったんですよ。ただ、数学がめちゃめちゃ好きだったので、数学で点を稼いでなんとか暗記系の教科の失点をカバーしていました。

小宮山　それでいいんですよ。終身雇用制がもうほとんど終わりつつあり、今後は、案件・契約・プロジェクト単位の仕事が増えてきます。そうなった時、自分が好きだったり得意だったりするものがわかっていて、突き抜けていないと声をかけてもらえない可能性があります。**あなたは何が好きなの？　と聞かれた時に答えられないと話にならない**。だから、平均的に全教科の点を取れる人じゃなくて、凸凹がある人がこれから求められると思います。だって、プロジェクト型になると、**必要だったら得意な人を探してくればいい**いんですから。

松丸　めちゃめちゃわかります。僕は謎解きの会社を自分で作りましたけど、お金関係を管理するのがすごく苦手なんですよ。マネタイズとか経理とかぜんぜん興味がなくて、とにかく目の前の子どもが謎解きの問題で喜んでくれればいいって思っちゃう。一度、自分でお金の勉強をしようかなって思った時期もあったんですが、やっぱり得意な人に任せようと考え直しました。サークルにお金関係とかマネジメント面がすごく得意な子がいたので、その子と一緒に今の会社を作ったんですよ。

小宮山　私も以前、米国公認会計士の資格を取ろうと思ったことがあって、お金もバーンと払って勉強を始めたんですよ。でも、途中で「これは私に向いていない」と感じて、やめました。**向いてないことをやってストレスになるより、得意な人にチームに加わってもらえばいい**んです。

「地図」がない時代だからこそ、「好き」と「興味」が大切

松丸　向いてないことっていくらがんばっても、好きな人や得意な人には絶対勝てないんですよね。

小宮山　本当にそう。「がんばろう」って思う時点でそもそもダメなんですよね。がんばろうっていう気持ちが出てきちゃうってことは、自分にとって好きなことではないんですよ。

松丸　日本の子どもは、まさしくその「がんばること」を強いられ続けているじゃないですか。自分が興味あることというより、親がこれをやっとかないと将来困るよと言ったものを、苦行であってもやらなきゃいけない。その時間はすごくもったいないなって。

小宮山　「これをやらなきゃ」と子どもに押し付けている親の判断も、間違っているかもしれないんですよ。私は今45歳ですけど、私が子どもの頃は「地図」があったんですよ。この会社に入れば大丈夫とか、この資格を持っていれば大丈夫っていうはっきりとした地図が。それが今はないでしょう。

松丸　そうですね。10年前には存在しなかった会社が今すごく勢いがあったり、逆に100

年続くと思われていた会社が落ち目だったりとか。

小宮山　そういう変化の激しい時代に、自分でコンパスを持って、この方向に行くと決めなくてはいけない。そのためには、「やらなきゃいけない」勉強よりも、**自分の「好き」や「興味」を強く持っていること**が大切だと思います。

人生を変えた小5の時の担任の先生の言葉

松丸　小宮山さんはどんな子ども時代を過ごしていたんですか？

小宮山　私の母親は高卒、父親は中卒で、親族にも大卒の人がいないという環境でした。子どもの頃は男の子とばっかり遊んでいて、いたずらをしては叱られていました。ゲームも大好きで、長い時は1日に7時間ぐらいプレイしていましたね。

松丸　それはすごい（笑）。

小宮山　父親は教育にまったく興味がなかったんです。でも、母親は「**学べば学ぶほど人生の選択肢が増えるんだよ**」という話をくりかえししてくれる人でした。小学校1年生か

ら4年生くらいまでずーっと私の横についていて勉強を見てくれていたんです。

松丸　素敵なお母さんですね。

小宮山　なのに私があまりにゲームやいたずらで遊んでばかりだったので、母は「勉強しなさい」って泣いてたんです（笑）。でも、小学5年生の時の担任の先生が、私と母の目の前で「いいんです。遊ばせておきなさい。この子は今遊んでおけば大成するから」と言ってくれたんです。**やっと自分を認めてくれる先生が現れた！**と嬉しかったですよ。そこから、「お母さんを泣かせずに、ちゃんと自分でがんばる」と心を入れ替えて、一生懸命勉強するようになりました。

松丸　先生の一言でガラッと変わったんですね。

小宮山　その時のことは今もハッキリ覚えています。

子どもに勉強してほしいなら、まず親が勉強しよう

小宮山　中学生の時、両親が離婚して母子家庭になりました。母は私と逆で数字に強かったので、生活のために会計の勉強を始めました。妹もいたので、私だけのためにお金をかけちゃいけないと思い、私も奨学金を得るためにがんばって勉強をしましたが、母親が勉強している姿をずっと見てきました。私も講演などでよく「どうやって子どもに勉強をさせたらいいんですか？」と聞かれるんですが、**子どもに勉強しなさいっていう前に、自分は勉強してますか？**と問いたいですね（笑）。

松丸　めちゃめちゃ共感します。うちの子が勉強してくれないんですという親御さんに、では勉強ってどうしてやるんだと思いますか？　と聞いてみると、答えられない人がほとんどなんですよ。将来役に立つから、と言う人もいますけど、そもそも親御さん自身に勉強していましたか？　と聞くと、親御さんも勉強が苦手だったという人が多いんですよ。

小宮山　親自身が勉強していないと、子どもにアドバイスできないですよね。コロナが始まる前のデータですけど、日本の社会人は1日に6分しか勉強していないんです。6分と

いう数字は、ほとんどの人がゼロで、ごくわずかな人が1日数時間勉強していたという結果で、勉強している人としていない人の差が激しい。

松丸 親御さんがまったく勉強していなかったら、子どもに対する説得力もないですよね。

小宮山 子どもって、親のことをすごくよく見ているんですよね。私、出張のない土日は、朝7時に地元のスターバックスに行くんです。中学生の息子によく「何しに行くの?」と聞かれるから、「勉強とか仕事」と答えていたんですけど、1年ぐらい経ったら「スタバって勉強しやすいの?」って聞いてきて。「それは人それぞれだから、気になるんだったら行ってみれば?」と答えたらついてきて、別々のところに座りながら3時間ぐらいそれぞれ勉強をしました。それ以降、一緒にスタバに行くこともあります。

松丸 いい親子ですね!

好きを追求する学びは、誰にも言われなくても自分からやる

小宮山 勉強といっても、短期的な学びと中長期的な学びがありますよね。よく学校の先生

が言うのは短期的な学びです。基礎学力をつけるために必要だから、嫌でも集中して学びなさいというものですね。でも、**好きを追求するような中長期的な学びは、誰から何も言われなくても自分からやる**んです。私はモータースポーツの国内A級のライセンスとかダイビングとかいろいろな資格を持っているんですが、それって何に使えるんですか？　って聞かれることがあります。でも自分が好きだから取っているだけなんですよね。

松丸　謎解きも、よく言われることがあるんですよ。何の役に立つの？　って。そのたびに、あなたは未来予測ができるんですか？　って思っちゃう。

小宮山　それは、認知能力しか見ていないからなんですよ。学校教育しかやってこなかった人はすぐ結果を可視化したがって、「これをやったら何点取れるようになるんですか？」という発想になるんです。でも、謎解きは**非認知能力**を育てるもの。**好奇心**を育成するとか、**想像力**をどうやって膨らませるかというツールだから。

松丸　ほんと、そうなんですよ。謎解きは知識がつかないと言われるたびに、いやそもそも知識をつけるだけが目的じゃないんだけどなあ、と思います。

何が繋がるかはわからないから、子どもには「種を蒔《ま》く」

小宮山　私の子育てでいうと、すぐ役に立つ・立たないということではなくて、**子どもの「好き」という気持ちを広げる環境を与える**ことを意識しています。私はよく**「種を蒔く」**って言ってるんですけど。子どものなかで何がどう繋がるかなんて親にもわからないんだから、**たくさんのいろいろなものに触れさせること**ですよ。

松丸　わかります。うちの両親はまさに、「子どもが何に興味を持つかは親にもわからない」ってことをすごくよくわかっていたみたいで、家には歴史の本とか図鑑とかとにかくたくさんのものがあったんです。そのなかで僕が興味を持ったのは足し算のカードで、意味もわからず暗記していたんです。それを見て、パズルや数独を与えてくれるようになりました。それが今に繋がっていますね。

小宮山　あと、**いろいろな大人に出会う機会を作る**っていうのもやりましたね。それから、息子が小学生の頃から、**頭の中にはてなマークが浮かぶようなところに連れていきました**。国内は47都道府県全部に行って、海外はインド、ドバイ、ルワンダとか。小学3、4年生の時には、「なんでこんな変わったところに連れてこられないといけないんだ」と文句を言われてたんですけど。中学生になって、「自分が外国の人と仕事をしたいと思うのは、あの時の体験があったからだよな」ってポロッと言ったんです。それを聞いて、いい方向に向かってるぞ、しめしめと思いました(笑)。

松丸　すごい。繋がったんですね。

小宮山　なにも海外に行かなくても**日常のなかでもできることはある**と思うんです。息子が小学校低学年の時には「学校の登下校で見つけた新しいものを毎日3つ教えて」って言ってました。同じ道でも、目線を上にしたり、下にしたり、振り返りながら行ったりすると、見えないものが見えてくるんですよね。

松丸　新しいものを発見するために違う道を通ったり目線を変えてみたりって、おもしろいですよね。僕も好きです。自分でも思いがけないものを見つけちゃったり、気づいたりする。その時は何でもなくても、後から何かに繋がることがあるんですよね。

デジタル教育で、数学の時間が半分に！

松丸　小宮山さんがやっている「スタディサプリ」は学校での導入も増えているそうですね。

小宮山　まず、スタディサプリの現状をお伝えすると、コロナが始まってから特に高校を中心とした学校導入が増えました。2022年4月時点で、高校が1947校。小学校・中学校も自治体単位で導入されています。兵庫県の尼崎市、岐阜県の岐阜市は小学校・中学校も自治体単位で利用していただいています。

松丸　すごい数ですね。

小宮山　認知能力の部分はスタディサプリを使って効率よく勉強していただいて、非認知能力の部分を学校の先生がもっとケアしていく感じですね。最近は、塾での導入も増えているんです。教えることよりコーチングの方に専念したいって塾がシフトし始めて。

松丸　テクノロジーを使えば、ひとりひとりの理解度に合った個別学習ができますよね。効率的にやって勉強に使う時間を極限まで減らせれば、残った時間で自分の好きなことをやれる。そのほうが絶対に良いと思います。

小宮山　積み上げ型の教科である算数（数学）・英語は、**これまでの一斉授業では、一度つまずいてしまうと先に行けなかった**んです。でも、**個別学習なら授業時間数を短縮できる**といわれているんですよ。実際に、東京都千代田区立の麹町中学校では、オンライン学習サービスの導入で数学の授業時間が半分になって、その代わりに英語の授業を増やしたり、探究学習を入れたりしていたそうです。

松丸　麹町中学校は工藤先生がいた学校ですね。学校で学ぶような短期学習ってぜんぶ天井があるじゃないですか。例えば学校のテストだったら満点になった時点で終わり、教科書をすべて習得したら終わりですよね。でも、長期学習に通じるような、音楽を作ったり、絵を描いたり、謎解きを作るような学びには天井がないでしょう。決まったゴールがある短期学習は、時間が短ければ短いほど良くて、その分で長期学習に力を入れたほうが、社会に出た時にプラスになると思います。

テストが高得点でも「好き」がないと大学に落ちる時代に

小宮山　アメリカには、日本の大学入学共通テストに似たＳＡＴという１６００点満点の試験があるんですけど、最近は１５４０点取っても自分が行きたい大学の学部に入れないという人が続出しているという話を聞きます。

松丸　え、そうなんですか!?

小宮山　１５４０点なんて、ほぼ満点じゃないですか。それでも不合格になってしまう理由の1つは、エッセイ（小論文）が書けていないからなんです。枠内のテストはできるんだけど枠外のテストはできない。大学に入って何をしたいか、社会にどうやって貢献していきたいか、何に興味があるのか、学んだことをどう表現していくのか、それがエッセイに示されていないという理由で、合格できないんです。

松丸　センター試験で満点とっても足切りで落とされるみたいなことですよね？　そんなことがアメリカで起きているんですね。

小宮山　アメリカの動きは10年遅れて日本に来るといわれてるので、今後、日本もそうなっていく可能性が高いと思います。その時、小学生の頃からずっと探究学習をやっていて、自分が何が好きかがわかっていて、それを一気通貫で研究できていたら、その人が書くエッセイに勝てるものは誰にも書けないですよ。だから、**自分の子どもが好きなこと、得意なことをある程度見定めてあげて、それを伸ばしてあげるような機会を増やす**ほうが、結果的に大学入試にも繋がるかもしれないんです。

松丸　日本の大学受験でもアメリカみたいに個性が評価されるようになったらいいですね。東大に入った人の大半は東大に入ることが目標で、何をやりたいか決まっていません。入学してから2年間は学部がなくて、教養学部で自分のやりたいことを探すんですけど、たいてい見つけられずに自分の成績に合わせて行き先を選んじゃう。でも、入試のシステムや教育が変わっていくと、10年後の東大はおもしろくなりそう。

小宮山　**おもしろいし、生きやすい**と思うんですよ。自分の好きなものを追求し続けるって最高じゃないですか。そのためにも、**好奇心をどう燃やし続けられるか**っていうのは超重要です。

その人がどれだけおもしろいか、魅力的かが問われる未来

小宮山　これからは学校の役割も変わってくると思います。スタディサプリみたいなデジタル学習が入ってくると、個別にその子の習熟度に合わせた学習ができるようになる。つまずいた子は前の学年に戻ってやれるし、優秀な子は上の学年のをちょっと覗《のぞ》きに行ってもいい。しかも時間も場所も関係なく、やろうと思ったらすぐアプリでできちゃいますからね。だから**「不登校」って言葉もなくなるんじゃないか**と私は思っているんです。

松丸　従来の集団授業は、やめたほうがいいと僕も思っています。認知能力の部分はテクノロジーを導入して個別学習にするほうが絶対に効率的ですよね。

小宮山　そうなっても「先生」はずっとい続けると思うんです。ただし役割は変わります。今までは教えることが9割、コーチングが1割だったところが、だんだん逆転していくんじゃないでしょうか。教科学習はデジタルを使って個別にやってもらって、非認知能力を養ったり、助言をするメンターとかコーチングの部分を先生にやってもらうような役

割分担になる気がします。だから、先生はより人間的におもしろい人、魅力がある人が求められるようになりますね。

松丸　僕の学生時代を振り返ると、教えるのがうまい先生のことはそんなに好きじゃなかったんですよ。それより、ちゃんと話を聞いてくれるとか悩みを相談しやすい先生が、僕にとっての恩師になっています。成績だけ上げるんだったら、これからはそれこそスタディサプリやYouTubeでいいですからね。

小宮山　これからの時代、**その人がどれだけおもしろいか、魅力的か**というのがますます重要になっていきます。子どもをそういう大人に育てるためには、とにかくいろいろな種を蒔くこと。そのうえで親が子どもの興味関心を自分の価値観で判断しないで、好きを伸ばしてあげること。それが重要です。

松丸　本当にそうですね。役に立つ、立たないの判定は必要なくて、それが好きなんだったらそれをもっとおもしろくするために何ができるかを考えてみる。その方向に導いてやれば、子どもは勝手にいろいろなことを吸収していくんだと思います。

第9章の

ポイント3か条

・大好きなものや得意なものを持つことが大事。苦手分野は得意な人を探してやってもらえばいい。

・子どもに「勉強しなさい」と言う前に、親自身も勉強しよう。

・子どもが何を好きになるかは親にもわからない。いろいろなものに触れさせて「種を蒔く」のが親の役目。

松丸くんの

ふりかえり

小宮山利恵子さん

小宮山さんは、すごく楽しい方でした。お話しすることが大好きで、人と人との繋がりのなかに生きている人なんだと感じました。

凸凹があっていい、自分が苦手なことは得意な人を探してくればいい、という話には、僕も強く共感します。これまでの教育は、できることできないことが偏っているのは良くないという先入観があったと思うんです。でも、時代は逆になっているんですよね。

ご自身の子育てもユニークでしたね。親御さんはどうしても「将来の役に立つかどうか」を考えて行動してしまいがちだと思うんです。でも、何が役に立つのかを親が予測できる時代じゃありません。種蒔《ま》きをするつもりで、子どもにいろいろな経験をさせることで花開く好奇心こそ大切にすべきなんですよね。あちこちの場所に旅行に連れていくというのは、僕も子どもができたら、絶対に真似しようと思いました。

第10章 篠原菊紀さん

やる気を出す
脳科学的なコツがあります。
まずは他人も自分も
褒めましょう。

篠原菊紀 しのはら・きくのり

公立諏訪東京理科大学工学部情報応用工学科教授

篠原先生のご専門は、脳科学。

なかでも、「遊んでいる時」「運動している時」「学習している時」などの、日常的な場面での脳活動を中心とした研究を行なっています。また、ギャンブルやゲームの依存リスクについても、ビッグデータをもとに科学的に検証を続けています。

TV・ラジオなど、メディア出演も多く、脳トレ、勉強法、認知機能低下予防、仕事力アップ、快感の基礎など、多方面で応用・実践を紹介。『今夜はナゾトレ』など脳トレ系のテレビ番組や、数多くのドリルの監修、脳トレ玩具の共同開発なども行なっています。また、NHKラジオ『子ども科学電話相談』にも、「心と体」テーマの回答者として長年出演し、多くの子どもたちの質問に答えています。

1960年長野県生まれ。東京大学大学院教育学研究科修了。東京理科大学諏訪短期大学講師、助教授を経て現職。専門は応用健康科学、脳科学。著書に『子どもが勉強好きになる子育て』(フォレスト出版)など、監修書籍に『頭がよくなる!寝る前 ナゾとき 366日』(西東社)、『1日5分で脳がみるみる若返る!大人の脳活ドリル 180日』(西東社) など多数。NHK『あさイチ』『チコちゃんに叱られる』などのテレビ出演のほか、フジテレビ『今夜はナゾトレ』、BSフジ『脳ベル SHOW』など監修番組も多数。

気持ちがいいという「快楽」がやる気を生む

松丸　今日はリモートでの対談になりますがよろしくお願いします。

篠原　よろしくお願いします。

松丸　篠原先生のご著書を拝読しました。脳の中で起きていることについて、すごく科学的にわかりやすく書かれているんですよね。読んでいて、僕自身の勉強法や親とのかかわりについて、うまくいったこと、いかなかったことを脳科学と照らして復習している感じで、とてもおもしろかったです。

篠原　ありがとうございます。

松丸　勉強法に限らず、**やる気を高めながら目標達成**するためのアプローチは大人にも役に立つ内容ですね。

篠原　そうですね。あらためて、「やる気」について説明

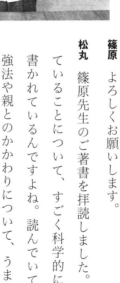

しましょう。脳内で「**やる気**」にかかわるのは「**線条体**《せんじょうたい》」という部分です。例えばゲームが好きな人は、もう「ゲームをやろう」と思っただけでやる気が増しますよね。そうやって、**これからやろうとしていることがワクワクすると予測をした時に活発化する**のが「線条体」の最大の特徴です。

松丸　ゲームが好きなので、よくわかります。

篠原　線条体が働くと、脳の中でドーパミンという物質が出て、それが**記憶の効率を高めたり、スキルの定着に役立つ**ことにも繋がります。だから、「やる気」「ワクワクする」ことはとても大事なんです。

ゲームの場合は、たいてい簡単なところから始まってだんだん難しくなっていく。段階的に達成感＝快楽が得られるしくみになっているんですね。だからゲームは熱中しやすいんです。ただ、勉強の場合はゲームのように達成感を得るのが難しいですよね。

松丸　勉強って、ある段階まで進むと急にガッと伸びて、おもしろくなるんですけど、そこに至るまでは楽しいとは思えないから難しいですよね。それでもやる気を出すにはどうすればいいんですか？

篠原　**周りが褒《ほ》める、自分でも褒める**ということが大切ですね。誰だって褒められるのは気持ちがいいじゃないですか。子どもが何か良いことをした時に褒めることを繰り返していると、子どもは「これをやったら褒められる＝気持ちがいい」と予測します。それがやる気に繋がって、自ら進んでその行動を取るようになりますよ。

松丸　その話を聞いて、子どもの頃を思い出しました。僕の家は「一定時間勉強すればゲームを好きなだけやっていい」というルールだったんです。だから、僕はゲームをやるために机に向かっていたようなものです（笑）。でもそれは勉強という行動の先にゲームという快楽が待っている状態だったわけで、脳科学的にも理にかなっていたんですね。

篠原　それはいい方法ですね。「**快楽**」って大事なんですよ。松丸さんの「謎解き」なんかも、ゲーム的な達成感が得られるように設計されていますよね。難しい問題の時にはヒントを小出しにして、自分で解答にたどりつく＝達成感が得られるように工夫されている。

松丸　そうですね。脳科学的に考えたことはなかったけど、なによりも自分で問題を解いた瞬間の喜びがいちばんの快感なので、ヒントを段階的にしたほうが自分で答えを見つけた手応えを演出できると考えて作っています。

篠原　科学的に考えていなくても、やる側の気持ちになって考えると自ずとそうなるんでしょうね。

四の五の言わずにとにかく始めれば、やる気がついてくる

篠原　もうひとつ、快楽とは違うやる気の高め方もあるんですよ。それは、「**とにかく始めちゃう**」ことです。**人間の脳って、一度始めたことはある程度続けられる機能をもともと持っている**んですよ。例えば原始時代なら、マンモスを見つけたら追いかけ続けないと捕獲できない。すぐやめちゃったら生きていけないんだから。行動することで「線条体」が刺激されて、行動が維持されるようにできているんです。

松丸　へー！　そうなんですね。

篠原　だから、四の五の言わずにとにかく始めてしまうのもひとつの手です。脳のしくみから言うと、5分だけやろうと思って始めたら、5分でやめることのほうが難しいんですよ。

松丸　おもしろい！　確かにそうかもしれません。

篠原　リビングで子どもがダラダラしてる時に親が「勉強しなさい」と言うと、子どもが「今やろうとしてたのに！」ってたいがい言うでしょう。あれは本当かな、と思って調べたことがあるんですよ。

松丸　脳科学的に調べたんですね！

篠原　すると、どうも嘘じゃないらしい。脳の中の言語野は活発化しているから、「勉強しなきゃ」の言葉は脳内に渦巻いているようなんです。でも、行動系が働いていないからお尻が浮かない。そういう時は頭の中で、「**パッ**と立ち上がり**ダダッ**と歩いて**ドカッ**と座り**ババッ**と教科書をめくって…」という感じで、**オノマトペ**（擬音語・擬態語）**を使って自分の行動をイメージする**と効果的だと思います。運動選手のイメージトレーニングと同じです。イメトレしている時は脳の中の行動系がよく働いているんです。

アニメキャラを自分に投影して「やる気」になる

松丸　行動をイメージするって、めちゃくちゃいいですね！　僕も似たことをしていました。

よくアニメの主人公の先輩とかで、普段はぜんぜん働いてないのに、いざという時に出てきて、ゆったり身体を伸ばしながら、「さ、やりますか」みたいなことを言って、めちゃくちゃ強い！　ってキャラがいるじゃないですか。そういうキャラに憧れたことがあって、勉強に取りかかる前に、「さ、やりますか」って体を伸ばしてました。

篠原　おもしろいですね。たしかに、キャラクターを投影するというのも使えますね。

松丸　その動作が僕のスイッチになっていて、頭のなかでその先輩が敵をなぎ倒しているシーンが思い浮かぶんです。そうすると、自分もそのキャラに同化したような気分になって、やる気が湧いてくるんです。

篠原　なるほど。人間には他人の行動を見て無意識のうちに同じような行動をとってしまう「ミラーニューロン」という神経細胞があるんです。ミラーニューロンは尊敬している人を前にした時や「この人みたいになりたい」と思っている時により強く働くという報告があるので、特に子どもの場合、**キャラクターをイメージする方法**は効果的かもしれません。

松丸　そうですね。子どもにとっては、机に向かっている自分の姿をイメージするよりも、アニメのキャラに重ねるほうが簡単かもしれませんね。

篠原　アニメじゃなくても、松丸さんのファンの子どもだったら、松丸さんががんばっている姿を想像することが行動系の刺激になるかもしれないですね。やる気のスイッチの入れ方をこうやって共有するのは、とてもいいことです。それに、自分が行き詰まった時、あの人ならどうするだろうとイメージすることで、次の行動を起こしやすくなって、突破口になることもあるでしょう。

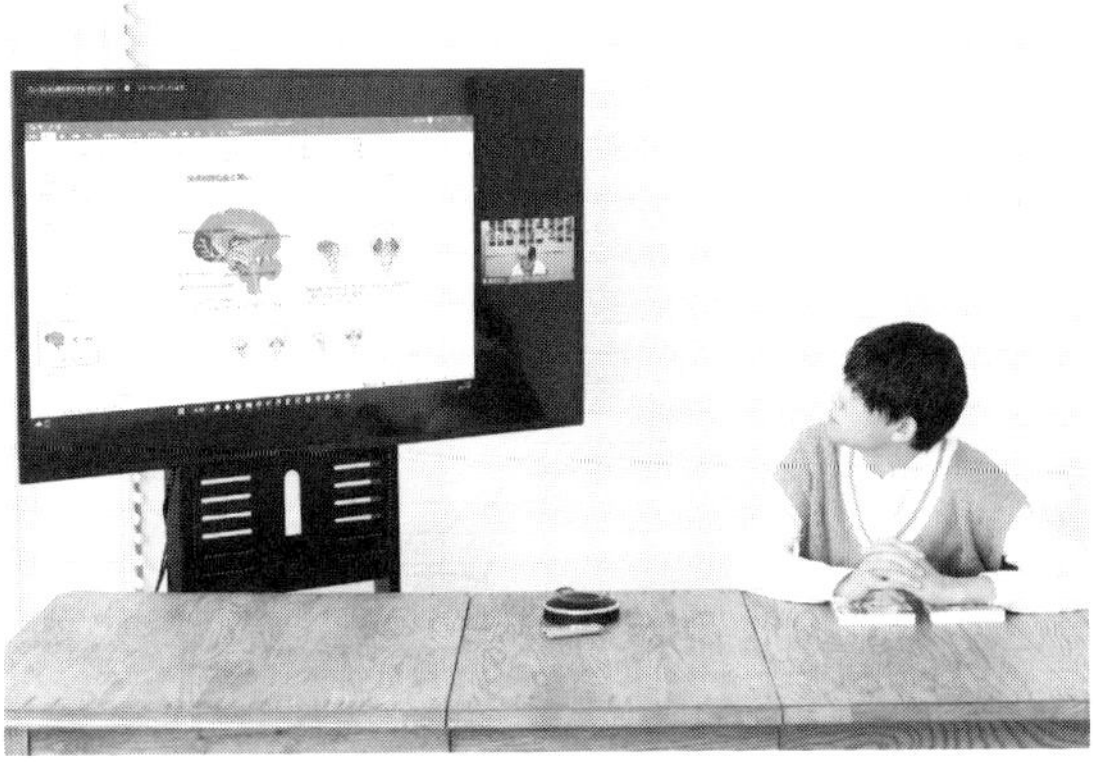

褒めることが大切、でも褒めることにこだわりすぎない

松丸　やる気のスイッチを自分で見つけるヒントになると良いですね。より小さな子にとっては、やっぱり親が褒める効果は大きそうですが、褒める時に気をつけることはありますか？

篠原　私がよく伝えるのは、1つは「褒めることは大切だ」ということ。もう1つは「そこまでこだわらなくてもいいですよ」ということです。

松丸 そうなんですか。

篠原 まず、褒め方について話しましょう。スタンフォード大学の心理学教授、キャロル・S・ドゥエックの研究では、「素質」を褒めるか「努力」を褒めるかという選択肢があった時、**努力や具体的な行動を褒めたほうがその後に伸びやすくなる**という報告があります。成績が上がった子どもに対して、「あなたは素質があるね」と言うよりも、「この前、ずいぶん勉強してたもんね」と言うほうが効果的ということです。

松丸 行動を褒めることが快感になるという線条体の話に繋がりますね。

篠原 はい。だから、子どもに人間的な成長を求めるのであれば、誠実さに繋がるような**行動**や知的好奇心を追求するような**行動**を褒めるといいでしょう。勉強に関しては、問題を解くことに役立つような**努力**を褒めましょう。ここで重要なのは、**親が子どもをよく観察する**ことです。観察して褒めるべき具体的な行動を発見するんです。

松丸 うまく褒めるためには、まず観察と発見が必要なんですね。

褒めるのが難しければ、できた理由を子どもに「質問」すればいい

篠原　でも、そう言うとハードルが高く感じてしまうかもしれないので、2つ目の「あまりこだわらなくてもいい」という話をしますね。

子どもを褒める時には、あまり難しいことを考えず、とにかく褒める。こまめに褒めることが大事です。それでも**褒めるのが難しいなら、目の前の行動について「理由」を尋ねる**という方法があります。親御さんから「うちの子は30分で勉強をやめちゃうから褒めどころがない」と言われることもあるんですが、「30分でやめちゃう」ということは視点を変えれば「30分は続いた」わけです。その時は「どうして30分続けられたの？」と質問をしてあげると、子どもは褒められた気持ちになって、その理由を考えて得意げに話すでしょう。

松丸　おもしろい！　質問することで褒めることができるんですね。

篠原　単純に「褒める」よりも「聞く」という形で対処したほうがうまくいくことも多々あります。

松丸　すごくわかります。僕もそうでしたけど、子どもって自分が努力したことを親に話したいし、自慢したいんですよ。「1時間勉強してえらいね」と褒められるのもいいけど、「1時間もどうして集中できたの?」と聞かれて「実はこういうふうにやってみたら、集中が続いたんだよ」って自慢できるほうが嬉しい気がします。

篠原　そうですね。どうしてそれができたのかという「スキル」を引き出してあげることにもなるので、将来にも繋がり、いい方法だと思います。

松丸　質問することで**親子のコミュニケーションも深まるし、子どもの自己肯定感も高まる**と考えると、質問して褒める効果は大きいですね。

苦手も不安も、細かく分けることで楽になる

篠原　質問は、傷ついたり凹んだりしている時にも有効です。私が実際にやっている心理セラピーの話なんですが、例えば「そんなひどい状態なのに、どうして今までやってこられたの？」と聞きます。加えて、「なんとか耐えてきたそのスキルを、来週来る時までにリストアップしてくれない？　それが同じような状況にある人の役に立つはずだから」とお願いします。すると、自分が凹んでいる時にどうしているのかを客観視するようになって、視点が転換されるんですよ。

松丸　なるほど。深い話ですね。今のセラピーの話に近いんじゃないかと思うんですけど、先生の本に書いてあった「苦手の細分化」の話にはすごく共感しました。「うちの子は算数が苦手」と言う親御さんは、**「どこが苦手なのか」を確認すること**がすごく大事だと思うんです。算数全部が苦手だと思ってしまうのではなくて、実は割合が苦手だけど面積は得意みたいに、苦手の対象をどんどん細かく分けていく。そうすると「苦手」がどんどん小さくなって、たいしたことじゃないと思えるようになるんですよね。

篠原　そうですね。「苦手の細分化」は子どもだけでなく、大人にも使える考え方です。

一度叱ったら、3回は褒めるように

松丸 褒め方の次は、子どもの叱り方で気を付けるべきことを教えてください。

篠原 叱られた時に反応するのは、脳の中の「**扁桃体**《へんとうたい》」という部分です。扁桃体は恐怖や不安に反応して、戦うか、逃げるか、固まるかという選択をします。生物の進化の過程で、危険を避けるのは重要ですよね。それができないと次は死んじゃうかもしれないんだから。だから扁桃体は線条体よりも強く反応する。一撃で効くんです。そのため、大人は叱ることで子どもをコントロールしがちですが、あくまで扁桃体は危機回避の反応なので、「じゃあ、次はこういうふうに工夫しよう」という**クリエイティブな発想には繋がりにくい**んです。さらに、叱られた時のインパクトは褒められた時の約3倍に及ぶといわれているので、一度叱ったら3回褒めるぐらいでちょうどいいと思います。

松丸 3倍！ それは驚きです。

篠原 **ちょっとだけ叱っても、きつく叱っても効果は同じ**という報告もあるんですよ。だから、叱る時はドーンと叱ってもいいんだけど、回数は少なくしないといけない。

松丸　そうなんですね。叱るのとはちょっと違いますけど、僕も自分が思ったような結果を出せなくて落ち込んじゃう時はあります。そういう時僕は、自分がうまくできた時のことを思い出したり、うまくやれた番組のビデオを見返したりして、「自分、大丈夫じゃん」って思って回復するんです（笑）。

篠原　松丸さんみたいに、そうやって自分で転換する回路ができている人は、叱ろうが褒めようが大丈夫（笑）。でもそれができない子どものうちは、叱るリスクが大きいので、褒めることを優先すべきだと思います。

松丸　叱ることと違って、褒めることに副作用はないんですね。

篠原　そうです。だから、**褒め方がよくわからなくても、とにかくこまめに褒める**ことですよ。そのうち、子どもの反応を見ていれば、その子に効く褒め方がわかってきますから。

ゲームの健全な遊び方、４つの指標

松丸　ところで、「**スマホ脳**」や「**ゲーム依存**」が昨今問題視されていますよね。脳科学の専門家として篠原先生はどうお考えですか？

篠原　まず、**「ゲーム障害」**という言葉が注目を集めたのは、WHOによって疾病分類に記載されたからです。でもこれは、2022年2月に必須要件が公表されて、かなり限定的になったんですね。具体的には、**「コントロール不能」「ゲームの最優先」「問題が起きているにもかかわらず継続」**という3点が**「12か月以上続き」**、かつ**「顕著な生活上の障害」**が生じていて、それが**「他の精神疾患で説明されない場合」**に限定されているんです。日本では「ゲーム依存」という言葉がひとり歩きしていますが、正確にはほとんどの場合、「依存」や「障害」ではなく、「危険な遊び方」に過ぎないと思います。

松丸　僕はゲームが好きだし、東大の知り合いも9割以上ゲームをやっています。だから、

ゲームをやることが悪いことであるかのような見方には違和感を持っていました。

篠原　そもそもWHOも「Game《ゲーム》」じゃなく「Gaming《ゲーミング》」と言っていますからね。**ゲームそのものではなく、ゲームの仕方の問題**なんです。そうなると、どういう遊び方が望ましいのか、健全な遊び方とは何かを考える必要がありますよね。

松丸　ゲームをすると勉強ができなくなると言う人もいますけど、ゲームは趣味のひとつで、部活と変わらないと思うんですよ。それに、ポケモンの名前とか大きさ・重さまで覚えている子とかいるじゃないですか。あの記憶力ってすごい。絶対に脳にも良い影響があるんじゃないかと思うんです。

篠原　そうですね。最近発表された調査では、**9〜10歳の時にビデオゲームを多くプレイした子どもほど、2年後に最も知能が向上した**という報告もあります（Bruno Sauceら、2022）。だから松丸さんのその考察はほぼほぼ正しいですよ。ゲームは危ないと短絡的に捉えるのではなくて、健全な遊び方を伝えるほうが有意義でしょう。

松丸　そんな報告があるんですね！　曖昧なイメージではなくて、そういう文献や実験結果をもとに議論をしたいですね。ちなみに、健全な遊び方の指標はあるんですか？

篠原　**健全な遊び方の指標**としては、

①自由に遊んでいい時に遊ぼう
②ほかに優先すべきことがある時はそちらを優先しよう
③いつまで遊んでいいか決めてから遊ぼう
④家族や友人に対して嘘やごまかしなく遊ぼう

この４つをおさえればいいのではないでしょうか。松丸さんの子どもの時のエピソードなんて、まさに全部当てはまっているんじゃないですか。

松丸　全面的に賛成です。ゲームがいくら好きでも自制できるようにするには、訓練が必要だと思うんです。その訓練を奪う「ゲーム禁止」はあまりにもったいない。そうやって自律心を身につけたら、仕事とプライベートのバランスを自分で考えて行動できる大人になると思います。

謎解きは脳の認知機能を向上させる

篠原　ところで、私の研究室の大学院生が「謎解きをしている時に脳内でどんなことが起きているか」という実験をしているんですよ。

松丸　すごい！　どういう結果が出たのか、詳しく教えてください。

篠原　その実験自体は条件に甘さがあって改善点はあるのですが、先行研究でもよく言われていることとして、何かをひらめいた時には、快楽に直結するドーパミンが高まって、**脳全体が活性化**するということがあります。謎解きは複数のものを関連させて考える問題が多いので、脳のなかの、一時的に情報をとどめておく「**ワーキングメモリ**」が刺激されています。ワーキングメモリはＩＱとも相関するし、学業成績にもかかわりがあるので、**認知機能の向上**が期待できると思います。

松丸　それは嬉しいですね！　うちの会社の命題は「**考えることが楽しめる世界にしたい**」なんです。多くの人は、考えることって嫌だな、めんどくさいな、大変だなって苦手意識があると思うんです。でも、謎解きは知識を使わずにひらめく瞬間を得られるから、誰でも頭を使うことのおもしろさを体験できるように作ってきました。

それが学業に繋がるとは言えなかったのですが、今回、ワーキングメモリや認知機能の向上に繋がる可能性があるというお話が聞けたので、嬉しいですね。ちゃんと研究したいと思います。実験に謎解きの問題が必要な時は言ってください。

人との繋がりをたくさん持つことが、ひらめきを生む

篠原　松丸さんが言うように、頭を使うこと自体が好きになるというのはいちばん重要なポイントですね。一般に「頭がいい人」というと、ひらめきやアイデアが浮かぶというイメージがあるかもしれませんが、ひらめきって、一生懸命考えて出てくるものじゃないんですよ。むしろ、ウォーキングをしたり、お風呂に入ったりして、脳を休んでいる状態にしたほうがいいんです。「デフォルトモードネットワーク」状態といって、いわゆる**脳がボーッとしている状態**の時に、脳内に散らばった情報が交わって、ひらめきが起こりやすくなります。

松丸　リラックスすることが大切なんですね。

篠原　ただし、頭のなかに何もない状態ではダメ。素材となる情報のインプットが重要です。

たくさん情報を入れた後で、ボーッとする時間がひらめきを生むんですね。

松丸　わかる気がします。僕も会議室にこもっているより、雑談したりごはん食べたりしている時にアイデアが出るんです。人といろんなことを話していると、伏線が回収されるように「あ、これはあれに繋がる」ってひらめいて、それが楽しいです。

篠原　まさにそのとおりです。ひらめきって、一人の天才の脳のなかで起こるようなイメージがあるかもしれないけど、そうじゃないんです。**ひとつの脳のひらめく力なんてたいしたことないんですよ。**ひらめきというのは、たくさんの情報ネットワークが交わったところで起こるもので、それが起こった場所がたまたま誰かの脳だというだけのこと。脳も情報ネットワークのハブのひとつですからね。**人との繋がりをたくさん持つことで、ひらめきが生まれる**んです。

松丸　やっぱり一人で考えているだけでは良いアイデアは生まれないんですね。

篠原　そうです。集団のひらめきを起こしやすくする方法はあって、**肯定的に反応すること**です。何を言っても「いいね」と褒められる環境だと、みんなが意見を言いやすくてアウトプットが増えるでしょう。そうするとたくさんの情報が行き交うから、ひらめきに繋がりやすくなるんです。

松丸　すごくわかります。お互いが褒めあったり良いところを見つけ合う関係のほうが、モチベーションもクリエイティビティも高まると思います。勉強に限らず社会体験も人との会話もすべてが情報で、その時は何でもないと思っていることでも、蓄積してあることがいずれパッと繋がる瞬間がある。褒めることとコミュニケーションは、子どもに対してだけじゃなく、大人同士でもすごく重要なことですよね。

第10章の

ポイント3か条

・やる気を出すには快楽が必要。手っ取り早い快楽は、褒めること。親も褒める、自分でも褒める。

・とにかく始めてしまえばやる気がついてくる。行動を起こしている自分をオノマトペでイメージしよう。

・ひとりの脳で起こるひらめきなんてたいしたことない。人とのコミュニケーションを大事にして、みんながひらめきやすい環境を。

松丸くんの

ふりかえり

篠原菊紀さん

僕がこれまでやってきて、なんとなく効果があるように感じていたことに対して、篠原先生に脳科学の視点から答え合わせをしてもらっている感じでしたね。たとえばアニメのキャラクターの真似をしてやる気を出すとか、あれは脳科学的にも良かったんだ！とわかって自分でも感心しました。

篠原先生は、「こうするとやる気が出る」「こうすると集中力が戻る」など、具体的な行動を、脳科学のデータに基づいて教えてくださるんですよね。親御さんはこれを読んで、うまく子どもを導いてあげてほしいですね。

それから、「質問することで褒めることができる」というのは目からウロコでした。子どもって確かに、自分がうまくやれたことを聞いてほしがってますよね。それを引き出すような質問をしてあげれば褒めに繋がる。よく覚えておいて使いたいテクニックだと思いました。

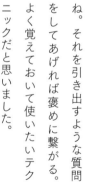

おわりに

10人の先生方との対談、いかがでしたか？　僕にとっても学ぶことばかりで、とても刺激的でした。

嬉しかったのは、僕がこれまで感じていたことと先生方の考えに、通じる部分が多かったことです。

また、多くの先生から「謎解き」は教育に活かせると言っていただけたことで、僕の自信も強まりました。

お話の内容は十人十色でしたが、一方で、全員に共通している考え方がやっぱりあると感じています。

ひとことで言うと、「子どもには好きなことをやらせよう」ということです。

子どもは、好きなことを懸命にやるなかで、自己肯定感や思考力が育ちます。目先の勉強や受験が目的ではない学びにより、社会を生きる力が育っていくのです。

そのためには、親の姿勢も大切です。

「子どものため」と考えて、つい親が子どもに何かを強制したり誘導したりしがちではないでしょうか。もちろんそれは親御さんがお子さんを大事に思えばこそのことと思います。でも、答えがない今の時代、親に求められるのは、役に立つかどうかわからないようなさまざまなものを身の回りに置いてあげること。そこから子どもが好きなこと、やりたいことを見つけたら、それを応援しサポートすることです。この本をお読みになったみなさんには、もうおわかりのことと思います。

10人の専門家がコーチのように寄り添い、さまざまな疑問に答えてくれたこの本は、僕にとっても未来の参考書。自ら考えることを楽しむ学びは、今後ますます大切になっていくと実感しました。

そしていつか自分が子育てをする時も、この本を何度も読み返すと思います。

対談してくださった先生方に、あらためて心からお礼を申し上げます。ありがとうございました。

松丸亮吾

松丸亮吾 まつまる・りょうご

謎解きクリエイター、RIDDLER株式会社 代表

1995年千葉県生まれ。麻布中学校高等学校卒業後、東京大学に入学後、謎解きサークルの代表として団体を急成長させ、イベント・放送・ゲーム・書籍など、さまざまな分野で一大ブームを巻き起こした。2019年、謎解きクリエイター集団RIDDLER株式会社を設立、代表に就任。仲間とともにさまざまなメディアに謎解きを仕掛けるとともに、謎解きを教育に活かす事業にも取り組んでいる。監修書籍は、『東大ナゾトレ』シリーズ（扶桑社）、『東大松丸式ナゾトキスクール』『東大松丸式 名探偵コナンナゾトキ探偵団』（小学館）『頭をつかう新習慣！ ナゾときタイム』（NHK出版）、など多数。

松丸くんが教育界の10人と考える
答えがない時代の新しい子育て

2023年4月3日 初版第1刷発行

著者 松丸亮吾

取材 川内イオ
カバー写真（松丸亮吾）
撮影 平林直己
ヘアメイク 大室愛
スタイリング 飯村友梨
本文写真
平林直己
（小学館写真室）五十嵐美弥 田中麻以 小倉雄一郎 黒石あみ 藤岡雅樹
装幀・組版 近田火日輝(fireworks.vc)
販売 窪 康男
宣伝 阿部慶輔
制作 酒井かをり
資材 木戸 礼
編集 渡辺朗典
発行人 青山明子
発行所 株式会社 小学館
〒101-8001 東京都千代田区一ツ橋2-3-1
電話 編集 03-3230-5685 販売 03-5281-3555
印刷 萩原印刷株式会社
製本 株式会社若林製本工場

 ISBN 978-4-09-389114-1
